科技成果产业化 2.0

数字时代的价值创造新范式

吴国斌　梁舰　王潇 著

“科技成果产业化理论与实践探索系列著作”

总策划、总监制：李志男、林少伟、李志杰；

副总策划、副总监制：张微、杨茜茵、李晨雨、龚奕。

中国出版集团有限公司
研究出版社

图书在版编目（CIP）数据

科技成果产业化 2.0：数字时代的价值创造新范式 / 吴国斌，梁舰，王潇著．-- 北京：研究出版社，2025. 6. -- ISBN 978-7-5199-1923-8

Ⅰ. F124.3

中国国家版本馆 CIP 数据核字第 2025SU8540 号

出 品 人：陈建军
总 编 辑：丁　波
策划编辑：于　彬
责任编辑：于　彬

《科技成果产业化 2.0：数字时代的价值创造新范式》

吴国斌　梁舰　王潇　著

研究出版社　出版发行

（100006　北京市东城区灯市口大街 100 号华腾商务楼）

河北赛文印刷有限公司　新华书店经销

2025 年 6 月第 1 版　2025 年 6 月第 1 次印刷

开本：710×1000mm　1/16　印张：16.75

字数：262 千字

ISBN 978-7-5199-1923-8　定价：89.00 元

电话（010）64217619　64217652（发行部）

目 录

序　言

产品结构、生产设备、生产方式和产业组织模式，共同构成了区域经济发展的关键支撑体系。科技创新和科技革命显著提升了人类的认知能力和水平，以强大的推动力、渗透力催生出全新的数字时代价值创造新范式，有力推动着新质生产力生成与发展。

互联网打破了地域限制，让信息流通更加便捷；数据和人工智能为人力资源和各产业赋予了全新动能，正在且将持续给科研、生产、流通领域和人类生活带来巨大变革，创造巨大的社会财富。譬如“滴滴出行”，通过全新方式整合社会资源与需求，构建了一个高效、便捷的出行生态系统，不仅改变了人们的出行方式，更以其独特的商业模式展现了创新成果产业化在推动经济增长、促进就业、提升服务效率等方面的巨大潜力。

正在来临的数字时代，给我们每一个人、每一个组织都赋予了“超能量”，提供了全新的发展机会，财富的宝库正热情期待着掘金者的到来。《科技成果产业化 2.0》宛如一把钥匙，为我们打开科技创新转化为实际财富的神秘大门，给我们带来了科技生财密码。

全书围绕“数字时代的价值创造新范式”这个核心目标，研究并揭示了科学、技术、认知、工程和产品在科技成果产业化和新质生产力形成与发展中的地位、作用和对财富生成的贡献模式，论证了技术集成、概念验证、技术变现和产业变革的内在逻辑、作用机理、实现路径和组织模式与实际效果。借助科技带来的磅礴之力，本书站在时代发展的新高度，从科技创新与产业创新融合的全新视角对科技成果转化和科技成果产业化进行剖析、探索，是科技成果转化和产业化应用理论的又一次跨越式发展，必将对学术、科研、产业发展和人才培养产生积极的推动作用。

《科技成果产业化 2.0》是科技成果产业化理论与实践系列专著第六本，由北京市科学技术研究院策划并完成。本书按照系列专著整体架构和内容编排，由吴国斌和李志男进行统筹，吴国斌、梁舰和王潇执笔完成；李志男、肖雯、林少伟、李志杰、李晨雨、杨茜茵、张微、龚奕、向宁、张晓静、李劲、张源、吕华侨、王楠楠、刘洪彰、孙学智、刘平平、李琛做了大量的研究和撰写工作，为保障本书的质量和进度做出了重要贡献。

限于研究和撰写团队的能力和水平，书中难免有偏颇、遗漏和不严谨之处，真诚地期待朋友们的指导、批评、意见、建议和见解。我们一定在后续工作中加以吸纳和再创新，万分感谢！

李志男 吴国斌

第一章　科技成果产业化生财的基本认知

科技已成为推动经济增长和企业发展的核心驱动力，而科技成果从在科研实验室中诞生到创造出巨大的财富价值，其间经历了深刻而复杂的“化学和物理”变化。对于成果转化人员而言，深入理解科技生财的底层逻辑，掌握关键密码，是实现科研成果商业化成功的关键。这不仅要求掌握科研与创新的基本逻辑，还要理解企业管理战略、运营、市场开拓等多方面知识，持续锤炼认知和组织能力，才可以将科技潜力转化为实实在在的经济财富。

第一节　科学、技术、工程和产品

科研成果转化当中包含了科学、技术、工程和产品，需正确理解它们的差异、针对性地采取不同策略和路径，才能实现它们本身的价值。对科学、技术、工程和产品这四个方面内涵的深刻认识，有助于我们理解科技成果产业化的内在逻辑和过程、学会分析科技如何转化为财富。

1.1 科学、技术、工程和产品的基础知识

1.1.1 科学

在现代汉语中广泛使用的“科学”一词来自日本人对英文“science”一词的翻译，是指反映自然、社会、思维等客观规律的知识体系。科学

研究的目的是探索和发现这些规律，注意是发现而不是发明，因为人类不可能发明自然界没有的规律。与创新、发明不同，科学发现是揭示人类认知局限的未知。而中国道家讲道法自然，也就是告诉我们要遵循自然的规律。人类历史上有多次重大的科学发现：如哥白尼在其著作《天球运行论》中提出了“日心说”，即太阳位于宇宙的中心，而地球和其他行星则围绕太阳旋转，挑战了当时占主导地位的托勒密“地心说”，后者认为地球是宇宙的中心；门捷列夫通过系统地研究元素的性质，并按照相对原子质量的大小将元素排列起来，最终发现了元素周期表；法拉第发现了电磁感应定律，这是电磁学中的一个重要原理，它描述了磁场变化如何产生电动势的现象……这些都是科学发现。一定要注意科学发现跟创新和发明完全不一样。因为科学研究所发现的这些东西是客观存在，不管人类有没有发现，它都一直存在。

搞科学的人真的要有天分，他们的头脑跟普通人不太一样，要具备突破常规的思维能力。从这个角度看，从事科学发现的科研人员，也就是通常说的科学家，是人群中极少数的存在。同时，当代科学研究也越来越需要借助一些大型的科学装备，比如粒子加速器、太空望远镜等。科学发现渐渐地不再仅仅是科研工作者个体的思考行为。

我们经常听到搞科研要面向前沿领域，这个提法是不符合科学研究规律的。首先，科学探索的本质是面向未知领域，而非既定的方向。其次，过多强调前沿是把西方科学界的工作作为目标，真正的科学进步应该建立在自主探索的基础上，而不是简单地追随所谓的热点。

1.1.2 技术

技术（technology）是在科学发现基础上延伸出来的一些具体的措施和办法，关键在于创新。没有科学原理支撑的技术无法复制。在科技成果产业化中，关于技术这一部分，策划和组织者需把握三个关键控制点：

①技术解耦点（将复杂技术拆解为可交易模块）；

②价值锚定点（找到技术不可替代性的量化证明）；

③风险转折点（识别中试阶段的技术死亡谷）。

稳妥的办法是采用“研究目标锚定、专利布局先行、中试验证筑基、商业模式护航”的实施策略，通过建立技术转化全生命周期管理系统，保驾护航原理验证、工程适配和产业兼容三个关键阶段，实现从实验室到产业化的价值飞跃。

1.1.3 工程

工程是技术的系统集成解决方案，是将科学原理和技术方法应用于设计、开发、构建或改进系统、结构、机器、材料、工具或过程的过程。以解决特定场景需求为导向，强调技术验证与可行性证明（如ITER国际热核聚变实验堆工程），具有单件定制化特征（每个工程需重新设计施工方案）。工程实现主要依靠以下路径：基础研究→技术原型→工程验证→项目交付。这一过程需要大量科学原理和技术方法，以及技术工具、技术装备的支撑。

工程的目标是解决实际问题、提高效率、降低成本、确保安全性等，涉及多个阶段，包括需求分析、概念设计、详细设计、原型制作、测试验证以及最终的产品化或服务化。每个阶段都需要专业的知识和技术支持，特别需要关注的是技术的可行性和实用性。在科技成果产业化的过程中，工程活动主要集中在如何将实验室的研究成果转化为可以大规模生产的技术基础之上。

1.1.4 产品

产品是技术的市场化载体，以创造商业价值为目标（如大疆无人机产品线规划），需通过用户场景验证，解决市场痛点要求技术标准化与可复制性（如宁德时代动力电池模组设计），需培养持续迭代能力（如智能手机需要持续更新）。产品实现主要通过以下路径：技术研发→

产品定义→量产验证→市场投放。

1.2 对科学、技术、工程和产品的转化定位

1.2.1 不适合做成果转化的科学发现

不适合做成果转化的科学发现主要包括以下几种：

一是基础研究。这类研究主要目的是探索自然现象和规律，增加人类知识储备，并不直接指向技术或产品的开发。因此，它们通常不会转化为市场上的产品或服务。

二是人文社会科学研究。这类研究关注人类社会的行为、文化、思想等方面，其成果往往是理论性的，可能对政策制定、社会理解和文化发展有重要影响，但不易直接转化为经济效益。

三是应用研究和技术开发。虽然这些研究旨在解决具体问题或开发新技术，但它们的成果转化往往需要较长时间。在短期内，可能无法看到明显的市场转化成果。

很多重大部门科学发现，在早期是不具备产品化的条件的。光纤通信华人诺贝尔奖获得者高锟于 1966 年发表了一篇题为《光频率介质纤维表面波导》的论文，明确提出：只要解决了玻璃纤维的纯度问题，就可以减少光信号在玻璃纤维中的衰减，而当衰减率下降到每千米 20 分贝的时候，这个玻璃纤维就可以用于实用型通信。这篇论文指出了光纤通信的方向，但是制造出满足这个要求的光纤很难。科学家制备出可以用作通信的实验性光纤的时候，已经到了 1970 年 8 月。1976 年，美国 AT&T 公司在亚特兰大安装了世界上第一个实验性的光纤通信系统，长度大约是 2000 米。20 世纪八九十年代，光纤技术迅速崛起，成为有线通信中重要的传输介质，这时距离高锟提出这个原理差不多已经有 30 年了。

1.2.2 科学研究的四个层次

第一层次，搞原始科学发现。原始科学发现的意义在于它们通常涉及基础科学领域的突破，这些突破能够深化我们对自然界基本原理的理解，并可能引发一系列的科学和技术进步。真正能够搞原始科学发现的机构和个人不会很多，只占科研资源的极少部分。

第二层次，搞原始技术创新。这是指独立开发一种全新技术并实现商业化的过程，是前所未有的重大科学发现、技术发明、原理性主导技术等创新成果。进行这个层次研究的人和机构也不会太多，也是极少数精英。在某些新兴技术领域，我们和西方都处于探索阶段，需要有机构和人去搞原始技术创新。

第三层次，搞技术跟踪模仿。现在如果我们大量使用西方的技术，就有可能被“卡脖子”。这一层次的目标就是摆脱对西方的技术依赖，解决“卡脖子”问题。对标美国、欧洲、日本，别的国家在这些方面有什么先进的地方？我们把它先进的方面搞清楚，然后锁定目标，组织国内的科研技术人才吸收并消化这些国外的先进技术。

第四层次，面向工程实践，解决具体的工程问题。发挥市场机制，谁有问题、谁出资、谁承担投资风险、谁解决问题、谁受益。

1.2.3 工程和产品在成果转化中的作用与关系

科技创新成果转化一般由工程转化和产品转化共同实现，两者相辅相成，共同推动科技进步和经济社会发展。首先，需要通过工程手段将科研成果转化为具有实用价值的技术方案，再经过产品化过程，形成面向市场的商品或服务。产品的反馈可以促进工程技术的进步，而新的工程技术又可以推动产品创新。

（1）工程转化关键要素包括：政策导向，例如国家重大科技专项（“华龙一号”核电工程）；技术耦合度，例如多学科交叉集成（空间站生命维持系统）；实施主体，例如在海外基建工程中，EPC 总承包商

（如中国交建）作为技术整合与实施的核心主体，其项目管理能力、技术转化效率和风险控制水平是跨越技术应用“死亡之谷”的关键环节。

（2）产品转化关键要素包括：市场需求、消费者痛点挖掘（如戴森无叶风扇创新）；技术护城河与专利布局策略（如高通通信专利池）；商业生态以及供应链体系构建（如苹果产业链管理）。

（3）工程与产品是技术价值与商业价值的辩证统一，工程筑基、产品造血。工程化是技术从“可能”到“可行”的惊险一跃，产品化则是从“可行”到“必需”的价值重构。这种模式首先将前沿技术通过重大工程验证（如量子通信京沪干线）确认可行可靠后将成熟技术向产品线转化（如中车转向架技术衍生多种车型），同时建立工程数据反哺机制（风电工程数据优化产品设计），由此构建技术转化价值漏斗（工程收入支撑产品研发）。

工程与产品实质构成创新价值链的上下游关系。工程突破为产品化提供技术储备，产品迭代反哺工程技术升级，形成“技术—工程—产品—产业”的良性循环。决策者需根据技术成熟度、市场窗口期、资源禀赋等因素，动态选择转化路径。

（4）在金融视角下，产品转化和工程转化两者的风险收益曲线呈现显著分化：工程阶段需容忍高波动性以博取技术垄断溢价，产品阶段则追求稳定现金流以兑现规模经济。投资者需穿透“工程可行性报告”与“产品商业计划书”的表层叙事，精准识别转化链中的“断点修复能力”与“市场定义权”。工程阶段依赖高风险偏好资金，如某生物医药企业 B 轮融资 2 亿美元用于建设 GMP 车间，其估值主要基于技术专利池规模而非当期营收；产品阶段需吸引产业资本背书，如车企对固态电池工程成果投资时，要求供应商签署产能对赌协议，确保产品落地后供应链安全。

第二节　发现、发明和创新

从燧人氏钻木取火的偶然发现到爱迪生系统发明电灯，再到乔布斯用 iPhone 重构数字生活，人类文明的每一次跨越都历经发现（discovery）、发明（invention）、创新（innovation）的完整链条。这三者构成从认知突破到价值创造的闭环系统——发现揭示客观规律、发明创造技术工具、创新实现社会应用。如同 DNA 双螺旋中碱基对的精密配合，三者相互作用推动文明螺旋式上升。

2.1 本质区辨：概念的三维坐标

表 1-1　发现、发明与创新的特点

维度	发现	发明	创新
对象属性	自然界已有存在的规律 / 现象	人工创造的新技术 / 方法	既有要素的新组合 / 应用
价值取向	真理追求（认知价值）	工具创造（技术价值）	市场实现（经济价值）
时间特征	偶然性突破	目标导向研发	系统性重构
典型例证	电磁感应定律（法拉第，1831）	发电机（西门子，1866）	电网系统（爱迪生，1882）

发现的本质是认知边疆的开拓，是科学范畴，属于基础研究。当居里夫人在沥青铀矿中发现放射性元素时，她并未预见核能技术的未来，但打开了原子能时代的大门。这类突破往往具有非目的性，2022 年诺贝尔物理学奖授予量子纠缠实验验证，其应用价值在 30 年后才能通过量子通信显现。

发明是技术路径的创造和工程试验。贝尔实验室 1947 年发明晶体管时，替代真空管的初衷是使其体积缩小、能耗降低。这种定向技术开发具有明确问题意识，但真正改变世界的不是单个晶体管，而是集成电路的发明——将百万晶体管集成在硅片上。

创新是价值网络的再造。福特 T 型车流水线（1908）的创新不在于汽车本身（已有发明），而在于将标准化生产、5 美元日薪制、分销网络组合成新商业模式，使汽车价格从 850 美元降至 260 美元，催生了中产阶级汽车文化。

2.2 发现、发明与创新互动机制

第一种是发现驱动型创新，实现路径通常是“基础发现→技术发明→产业创新”，传导链平均需 50 年，但在 AI 领域已压缩至 20 年，例如深度学习理论（辛顿,2006）→ GPU 加速算法（2012）→ ChatGPT 应用（2022）。

第二种是需求倒逼型发现，这是一种逆向创新路径——技术创新刺激需求，进而刺激基础科学发现，形成“应用牵引”与“科学推动”的双向循环。

第三种是创新引发的再发现，“创新应用→新现象发现→新理论构建”的反向路径，如 GPS 民用化（创新）催生时空大数据分析，使科学家发现地球自转周期 0.3 毫秒 / 年的细微变化（再发现）。

第三节　科技生财的底层逻辑与密码

科技成果产业化和创造财富的核心路径在于将技术优势转化为市场价值，其过程需依托产业化应用、政策支持、资本赋能及全球竞争四大支柱。

3.1 科技生财的源头活水

3.1.1 基础研究的奠基作用

基础研究为应用研究和技术开发提供理论支撑，许多重大的科技突破最初都源于基础研究领域的创新发现。比如，量子力学的基础研究成果为现代信息技术中的量子计算、量子通信等前沿技术奠定了理论基础。基础研究一般无法直接产生经济效益，它的价值在于奠定经济发展的基础。政府、科研机构和企业对基础研究的持续投入，为后续的应用创新提供了源源不断的灵感和可能性。

3.1.2 应用研究与技术开发的转化桥梁

应用研究将基础研究的成果工程化，旨在解决特定领域的实际问题，开发出具有实用价值的新技术、新方法和新产品，一般能够创造新产业或者显著提高现有产业效率与效益的科技成果。链主性质的龙头企业承担着重要角色，它们紧密关注市场需求，通过研发投入将科研成果转化为可商业化的产品或服务。

3.2 企业管理视角下的科技生财要素

3.2.1 科技导向的战略布局与规划

以科技为导向的企业战略，要求企业洞察科技发展趋势、提前布局具有潜力的技术领域。例如，特斯拉在电动汽车领域的成功，源于其早在多年前就精准预判了全球汽车行业向电动化转型的趋势，并果断将资源集中投入到电动汽车技术研发、电池技术创新以及智能驾驶系统的开发上。通过制定清晰的科技战略，特斯拉不仅在电动汽车市场占据了领先地位，还带动了整个行业的技术变革和发展。

3.2.2 管理上激发科研活力与成果产出

有效的创新管理是企业实现科技生财的关键环节。创新管理涵盖从创意产生、项目筛选、研发过程管理到成果商业化的全过程。在创意产生阶段，企业需要营造开放、包容的创新文化，鼓励员工提出新想法、新建议；在项目筛选方面，企业需要建立科学的评估体系，依据技术可行性、市场潜力、商业价值等多维度指标对创新项目进行筛选和排序；在研发过程管理中，提高研发效率，降低研发风险。在科研成果产生后，创新管理还需要关注成果的商业化推广，确保创新成果能够顺利转化为市场认可的产品或服务，实现科技价值向商业价值的转变。

3.2.3 科技人才是最大的财富

科技人才是企业实现科技生财的核心资源，他们有成就、事业有发展，自然就能为企业创造巨额财富。吸引优秀的科技人才加入企业，需要企业提供具有竞争力的薪酬福利、良好的工作环境和广阔的发展空间，让他们成就自我。

3.2.4 科技投入的优化与风险控制

财务管理在科技生财过程中起着至关重要的作用。一方面，企业需要合理安排科技投入，确保资金能够有效地支持科研项目的开展。另一方面，科技研发具有高风险的特点，可能面临技术失败、市场变化等多种风险。因此，企业需要建立完善的风险评估和控制体系，对科技项目的风险进行全面评估和监控。

3.3 科技成果产业化的关键流程与策略

3.3.1 成果评估与筛选

选择合适的科技成果进行转化是至关重要的一步。这包括对成果的产权、技术成熟度、创新性、影响力、市场潜力以及偿债能力等方面进行综合评价。

3.3.2 商业模式设计

商业模式体现科技成果的价值，明确目标客户、产品与销售形式，同时，也反映包括研发成本、生产成本、营销成本、运营成本等在内的成本结构。这是科技成果实现商业价值的关键。

3.3.3 市场推广与营销

有效的市场推广与营销是科技成果产业化成功的重要保障。充分利用社交媒体、网络广告等新兴渠道，能够快速精准地触达目标客户群体。

3.3.4 转化网络与生态

这是做好成果转化工作的根本保障，可以整合各方资源，快速精准地实现科技成果的价值并送达目标客户，实现创造和积累财富。科技创新与产业创新的深度融合通过“转化网络”实现技术到产业的系统化对接，并依托产业链上下游协同整合市场、研发和生产资源，而产业链上下游的贯通则为技术价值释放构建了完整生态，最终推动新质生产力的规模化落地。

3.4 案例分析：成功企业的科技生财之道

3.4.1 苹果公司：科技创新与商业运营的完美融合

苹果公司以其卓越的科技创新能力和成功的商业运营模式成为全球科技企业的典范。在科研创新方面，苹果持续投入大量资源进行产品研发和技术创新。从 iPhone 的多点触控技术到 MacBook 的 Retina 显示屏技术，再到 M 系列芯片的自主研发，苹果不断推出具有创新性和引领性的产品。在企业管理方面，苹果具有独特的战略眼光，精准把握市场趋势，提前布局未来技术。例如，在智能手机市场发展初期，苹果就凭借其对用户体验的深刻理解和对移动互联网发展趋势的预判，推出了具有革命性的 iPhone，彻底改变了全球智能手机市场格局。在创新管理方面，苹果营造了高度保密和专注的创新氛围，注重产品细节和用户体验，通过严格的项目管理确保产品的高质量和按时推出。在人才管理方面，苹果吸引了全球顶尖的设计师、工程师和市场营销人才，为员工提供丰富的资源和广阔的发展空间。在财务管理方面，苹果拥有强大的财务实力，能够支持大规模的研发投入和市场推广活动，同时通过有效的成本控制和供应链管理，保持了较高的利润率。通过科技创新与商业运营的完美融合，苹果公司不仅创造了巨大的商业价值，还塑造了全球最具价值的品牌之一。

3.4.2 华为公司：以科技为核心的全球化竞争战略

华为公司在通信技术领域的崛起是科技生财的典型案例。华为始终坚持以科技为核心，持续加大研发投入，在5G通信技术、芯片技术、人工智能等领域都取得了众多突破性成果。在企业战略管理方面，华为制定了全球化的竞争战略，积极拓展国际市场，通过与全球运营商和企业客户建立紧密合作关系，将其先进的通信技术和产品推广到全球各地；在创新管理方面，华为建立了开放、协同的创新体系，与高校、科研机构以及产业链合作伙伴开展广泛的合作，共同推动技术创新和产业发展；在人才管理方面，华为拥有一支庞大且高素质的研发团队，通过完善的人才培养和激励机制，激发员工的创新活力和工作积极性；在财务管理方面，华为通过合理的财务规划和风险管理，确保了研发投入的持续增长和企业的稳健发展。尽管面临外部环境的诸多挑战，华为仍凭借其强大的科技实力和卓越的企业管理能力，在全球通信市场保持了领先地位，成功实现了科技成果的商业化，为企业带来了巨大的经济效益和国际影响力。

3.5 创新与运营的融合

科技成果产业化与生财是一个复杂而系统的过程，它涉及科研创新、企业管理、成果转化等多个环节，需要科研人员、企业管理者和成果转化人员等多方协同合作。从科研创新的源头活水，到企业管理各要素的有效支撑，再到科技成果产业化的关键流程与策略的精准实施，每一个环节都对科技生财的成功起着至关重要的作用。

通过对成功企业案例的分析，我们可以看到科技创新与商业运营的完美融合是实现科技生财的核心路径。同时，面对新兴技术发展趋势、市场竞争与技术变革的挑战以及政策环境与社会影响等多方面因素，成果转化人员需要不断提升自身的专业能力和综合素质，敏锐把握市场机遇，积极应对各种挑战，以实现科技成果的最大商业价值，为企业发展和社会经济增长贡献力量。在未来的科技发展浪潮中，深入理解和运用科技生财的底层逻辑与密码，将成为企业和成果转化人员在激烈的市场竞争中立于不败之地的关键。

第二章　科技成果的分类分级

科技成果分类的角度和方法有很多，较为通用的分类依据和逻辑是以分类者目标为基础进行划分。我们从更有利于理解和推动科技成果产业化应用的角度，依据《中华人民共和国科学技术进步法》（该法由 1993 年 7 月 2 日第八届全国人民代表大会常务委员会第二次会议通过，2007 年 12 月 29 日第十届全国人民代表大会常务委员会第三十一次会议第一次修订;2021 年 12 月 24 日第十三届全国人民代表大会常务委员会第三十二次会议第二次修订。2022 年 1 月 1 日起正式施行。以下简称《科学技术进步法》）做进一步分析。

第一节　科技成果的分级

1.1 科技成果的定义与特征

1.1.1 科技成果的定义

科技成果是指人类在科学研究与技术开发过程中，通过系统性探索和实践所取得的具有科学价值和应用价值的成果。它涵盖从基础理论研究到技术发明再到实际应用的全过程，是知识创新与实际生产力转化的桥梁。科技成果往往以知识产权的形式存在，如专利、技术标准、软件著作权、实验数据等，也可以表现为具体的产品原型、生产工艺或技术方案。

从研究类型的角度来看，科技成果可以划分为以下几类。

第一类是基础科学成果，这些成果通常来源于理论研究，旨在揭示自然界的基本规律。例如，量子力学的发展、基因组测序技术等，这类成果本身对产业化的直接贡献较少，但为后续技术开发奠定了坚实的理论基础。

第二类是应用科学成果，此类成果聚焦于将基础研究的知识应用于解决实际问题，如新材料的开发、新药物的发明等。

第三类是技术开发成果，这类成果通常是商业化的直接产物，例如某种新型设备、优化的生产工艺或具体的市场化产品。

从功能的角度来看，科技成果不仅是知识的沉淀，还是推动社会进步的重要驱动力。它们既可以促进经济发展、提高生产效率，又可以解决社会问题，如环境污染和公共健康危机等。

此外，科技成果因其知识性和独特性，具有高度不可复制性和强竞争性，是国家核心竞争力的体现。例如，美国硅谷的核心竞争力在于其持续不断的科技成果输出，而中国“天宫”空间站的建设则是重大科技成果的代表。

1.1.2 科技成果的特征

科技成果具有以下几个核心特征，这些特征决定了其在产业化、商业化过程中所面临的机遇与挑战。

（1）创新性

科技成果的第一要素是其创新性。创新性是科技成果区别于传统生产要素的关键属性，它意味着对现有知识体系或技术体系的突破或补充。例如，人工智能技术中的深度学习算法，是对传统机器学习方法的重大创新，这种创新直接推动了语音识别、图像处理等产业的发展。

创新性可以体现在以下几个方面：

理论创新：提出全新的科学理论，如爱因斯坦的相对论。

技术创新：开发新的生产工艺或设备，如3D打印技术。

模式创新：结合科技与商业模式创新，如共享经济模式下的网约车平台。

创新性决定了科技成果的价值高度，但也意味着更高的研发成本和更高的产业化风险。

（2）实用性

科技成果的最终目标是为社会和经济服务，因此实用性是其重要特征之一。无论是基础理论研究还是技术开发，只有能够为用户创造实际价值的成果，才能实现其经济效益和社会效益。

实用性通常通过以下方式体现：

满足市场需求：科技成果能够解决特定行业的痛点或满足消费者的需求。例如，新能源汽车技术的实用性体现在其有效减少碳排放的能力。

提升生产效率：通过技术创新降低生产成本或提高生产效率，比如工业机器人技术在制造业中的应用。

改善生活质量：直接影响人们的生活方式，如智能家居设备的普及，使人们的生活更加便利高效。

然而，科技成果的实用性并非天然存在。许多科技成果在研究阶段表现出较高的潜力，但在市场推广中却因成本高、不符合市场需求等原因而失败。因此，从实验室到市场的技术转化过程，往往需要反复验证和改进。

（3）阶段性

科技成果的产生和发展具有显著的阶段性，这种阶段性反映了技术从理论到实践再到商业化的过程。通常而言，科技成果的产生和发展需经历以下几个阶段：

基础研究阶段：关注理论探索，成果主要以论文、实验数据等形式体现。例如，量子计算的初期研究。

应用研究阶段：将理论知识用于解决实际问题，成果通常表现为技术方案或实验原型。

开发与产业化阶段：将技术方案转化为可大规模生产的产品或服务。例如，智能手机的量产技术。

每个阶段的科技成果都有其独特性，且在产业化过程中需要跨越“死亡之谷”（即技术研发与市场需求之间的鸿沟）。阶段性特征要求企业或科研机构在技术转化时，针对不同阶段采取不同的策略，例如基础研究阶段需要政府支持，而开发与产业化阶段需要资本与市场的介入。

（4）不确定性

科技成果不同于传统的生产要素，其研发过程中充满了不确定性。这种不确定性来源于技术突破的难度、市场需求的变化以及竞争环境的复杂性。

技术风险：并非所有科研投入都能产生成果，技术瓶颈可能导致研究失败。

市场风险：即便技术成功，也可能因市场需求不足或消费者行为变化而面临滞销问题。

政策风险：科技成果的产业化往往依赖政策支持，如新能源补贴政策的调整会直接影响新能源汽车技术的推广。

尽管不确定性增加了科技成果产业化的难度，但它也意味着具有高收益潜力。对于企业而言，如何管理这种不确定性，构建技术与市场的联结机制，是实现科技成果价值的关键。

科技成果的定义与特征为理解其产业化路径提供了理论基础。科技成果不仅是知识创新的体现，还具有显著的创新性、实用性、阶段性和不确定性。正是这些特征，使得科技成果的产业化既面临挑战，又充满机遇。在实际应用中，如何将科技成果的创新性与市场需求相结合，是决定其成功与否的关键。通过合理的政策支持、商业模式创新和资本投入，可以有效促进科技成果在经济社会中的转化与应用。

1.2 科技成果分级对产业化的意义

科技成果的分级是推动科技成果产业化的重要手段，它通过对科技成果的成熟度、技术特性和应用潜力进行科学分类，帮助企业、科研机构和政府在技术开发、资源分配以及市场化应用过程中制定更加精准的策略。科技成果分级不仅是对技术现状的评估，还是技术向产业转化时的重要参考依据。无论是基础研究阶段的理论突破，还是接近市场化应用的工程样机，每个等级的科技成果都在其产业化路径上扮演着不可替代的角色。准确的分级能够帮助各类主体识别技术阶段、明确技术定位，从而降低风险、提升效率、加速成果转化。

1.2.1 有助于明确技术转化的路径

科技成果的分级为技术转化提供了清晰的阶段划分和进阶路径。不同阶段的科技成果所面临的研发任务、市场需求和产业化障碍各不相同,因此分级能够帮助科研机构和企业更好地管理技术开发过程。以技术成熟度模型（TRL）为例，从基础研究（TRL 1–3）到工程样机（TRL 4–6），再到最终的商业化应用（TRL 7–9），每个阶段的任务和目标都具有明显的差异。分级体系可以明确每个阶段的关键工作内容，例如在基础研究阶段，科研机构需要验证科学原理，重点是理论创新和知识积累；而在工程样机阶段，企业则需要关注技术的工程化、成本控制和可制造性。

举例来说，新能源领域的固态电池技术在 TRL 3 阶段主要集中于材料性能的实验室验证，而在 TRL 6 阶段则需要开发出接近实际应用的样机，并进行环境适应性测试以满足市场需求。通过分级体系可以清晰地看到技术从理论到实践的演变路径，帮助企业和科研机构制订合理的研发计划，减少资源浪费，避免过早或过晚进入市场化阶段。

1.2.2 降低产业化过程中的技术风险

科技成果的分级可以有效降低技术向产业化转化过程中的风险。科技成果从实验室走向市场，往往会面临多种不确定性因素，例如技术瓶颈、市场需求的不确定性以及政策环境的变化等。分级体系为这些风险提供了一个评估框架，通过对科技成果的技术成熟度和产业化潜力进行分类，可以帮助企业和投资者更好地识别风险点和关键挑战。

例如，在生物医药行业，新药研发通常需要经过漫长的临床试验周期，从基础研究到最终药品上市，不同阶段的风险和收益显著不同。在Ⅰ期和Ⅱ期临床试验阶段，药物的技术分级可能仍处于中等成熟度，这意味着药物的疗效和安全性尚未完全验证，投资风险较高。而在Ⅲ期临床试验阶段，药物的技术分级接近于商业化应用，投资风险显著降低，资本市场的参与度也会显著提高。因此，分级体系为投资决策提供了重要参考依据，能够帮助投资者合理评估技术风险，优化资源分配。

此外，分级体系还能够帮助企业规避因技术不成熟而导致的市场失灵。例如，某些技术在实验室阶段（如 TRL 3–4）表现出良好的潜力，但在实际应用中可能因成本、可靠性或规模化生产的困难而无法满足市场需求。通过分级体系，企业可以更早地发现这些潜在问题，并在技术开发的早期阶段进行调整，从而避免资源浪费和市场失灵。

1.2.3 提升资源配置的效率

科技成果分级能够优化资源配置，帮助科研机构、企业和政府针对不同阶段的技术需求制定差异化的支持措施。科技成果在不同分级阶段对资源的需求存在显著差异，例如早期基础研究阶段需要更多的科研资金支持，而中试阶段则需要工程化设备和生产线的投入，在市场化阶段，资本、营销和供应链资源则成为关键。分级体系可以将有限的资源精确分配到最需要的环节，从而提升科技成果产业化的效率。

政府在科技成果产业化中的支持政策往往依赖于分级体系。例如，对于处于基础研究阶段的技术（如 TRL 1–3），政府往往通过科研基金的形式支持高校和科研机构进行理论探索和技术验证；对于处于中试阶段的技术（如 TRL 4–6），政府可能会提供孵化器、中试基地等公共资源来降低技术工程化的成本；而对于接近商业化的技术（如 TRL 7–9），政府则会通过税收优惠、产业基金或市场补贴等方式促进技术的规模化应用和推广。以清洁能源技术为例，中国政府通过分级支持政策，推动了光伏发电和风力发电技术从实验室研究到大规模商业化应用的发展，显著降低了技术成本，提高了市场竞争力。

对于企业而言，分级体系同样能够指导其内部资源的合理分配。在研发初期（TRL 1–3），企业可以集中力量投身核心技术的开发；在工程化阶段（TRL 4–6），企业则需要加强工程团队建设，解决技术的可制造性问题；而在市场化阶段（TRL 7–9），则需要更多地关注商业模式设计和市场推广策略。

1.2.4 促进跨领域协同创新

创新往往需要多个行业和领域的协同合作，而科技成果的分级为跨领域协作提供了统一的参考标准。例如，在人工智能与医疗的结合中，技术的分级可以帮助医疗机构和 AI 企业明确技术的成熟度及其应用潜力。在早期阶段（如 TRL 2–3），AI 企业可能需要与高校合作开展基础算法研究；在中期阶段（如 TRL 5–6），医疗机构可以与 AI 企业共同开发智能诊断系统的原型；而在后期阶段（如 TRL 8–9），则需要引入医疗设备制造商和医院，推动技术的商业化落地。

一个典型案例是人工智能技术在影像诊断中的应用。在早期阶段，AI 技术的开发主要集中于算法优化和数据标注，这一阶段需要大量的科研人才和算力支持；在中期阶段，AI 技术需要与医学影像设备相结合，进行工程化开发和测试；而在后期阶段，AI 技术则需要通过临床使用验证和监管审批，最终进入医院等实际应用场景。通过分级体系，各参与方可以明确自身的角色和任务，从而实现资源的高效整合，提升协作效率。

1.2.5 推动市场化应用与商业化落地

科技成果分级能够帮助企业更好地识别市场需求，并制定合适的商业化策略。不同分级的科技成果在市场化过程中面临的机遇和挑战各不相同。对于技术分级较低的成果，企业需要关注技术的可行性和市场潜力，并通过试点项目验证其实际效果；而对于技术分级较高的成果，企业则需要考虑如何通过规模化生产降低成本，并设计合理的商业模式以快速占领市场。

例如，新能源汽车领域的科技成果从电池技术的实验室研发到大规模量产，经历了从 TRL 3 到 TRL 9 的多个阶段。在技术分级较低的阶段，企业需要解决电池能量密度、充放电效率等核心技术问题;而在技术分级较高的阶段，企业则需要通过改进生产工艺、优化供应链管理来降低成本，并通过营销和渠道建设快速打开市场。分级体系明确了技术与市场之间的连接点，为企业商业化落地提供了重要参考。

科技成果分级为产业化提供了清晰的路径图，其意义体现在明确技术转化路径、降低技术风险、优化资源配置、促进跨领域协作以及推动市场化应用等多个方面。无论是政府、企业还是科研机构，分级体系都为它们提供了科学的决策依据，有助于创新资源的合理配置和科技成果的高效转化。通过分级体系，科技成果能够更快、更稳地完成从实验室到市场的跨越，为经济社会发展注入强大动力。

1.3 按技术成熟度分级（TRL 模型）

1.3.1 技术成熟度分级的概念

技术成熟度分级（technology readiness level，TRL）是用来衡量技术从概念提出到实际应用过程中成熟程度的一种评估体系。TRL 模型最早由美国国家航空航天局（NASA）提出，用于评估航天技术的研发进展和应用潜力。该模型通过分级系统，将技术发展划分为九个不同的阶段，从理论研究到实际应用逐步推进。这种分级体系之后被广泛应用于各个领域，包括国防、能源、制造业、信息技术等，用于指导技术研发、资源分配和产业化决策。

TRL 模型的意义在于以下几个方面。

首先，提供统一语言，帮助科研机构、企业和政府在技术评估中使用统一的标准，便于交流和协作。

其次，减少技术转化风险，通过明确技术的成熟度，识别产业化过程中的技术瓶颈和风险。

最后，优化资源配置，根据技术所处的阶段合理分配资金、人才和政策支持。

1.3.2 TRL 模型的九个阶段

TRL 模型将技术发展划分为九个阶段，每个阶段代表了技术成熟度的不同程度，从基础研究到实际应用逐步推进。以下是每个 TRL 阶段的详细说明：

（1）基础理论研究（TRL 1），在这一阶段，科学家进行基础理论研究，探索新的概念和原理。此时，技术尚未进入实际应用层面，主要以论文、实验数据等形式体现。

例子：量子计算的初期研究阶段，科学家验证量子叠加和纠缠的基本原理。

特点：高风险、高不确定性，但对后续技术发展具有重要指导意义。

（2）技术概念的形成（TRL 2），应用基础研究成果，提出具体的技术概念框架，并进行初步可行性分析。

例子：基因编辑技术（如 CRISPR）的概念提出阶段，研究基因切割机制的潜在应用。

特点：技术仍停留在理论层面，缺乏实验验证。

（3）技术概念的实验验证（TRL 3），在实验室环境下，利用初步的实验手段验证技术概念的可行性。

例子：人工智能技术中，早期神经网络算法的实验室测试。

特点：通常需要较多的实验和理论支持，但未进入实际应用场景。

（4）技术原型的初步开发（TRL 4），在实验室环境中开发技术原型，进行功能验证，确保技术的核心部分可以运行。

例子：开发一种新型电池的实验室样品，并测试其性能。

特点：技术开始具备初步的实际应用能力，但仍需进一步优化。

（5）技术原型在模拟环境中的验证（TRL 5），将技术原型放入接近实际应用的模拟环境中测试，观察其运行情况。

例子：无人驾驶汽车的算法在虚拟交通场景中的运行测试。

特点：验证技术在复杂条件下的可靠性和稳定性。

（6）工程化样机的开发（TRL 6），开发接近最终产品的工程化样机，并在受控环境下进行测试。

例子：新能源风力发电机的工程化样机测试阶段。

特点：技术距离商业化应用更近，需要解决工程化问题。

（7）系统原型在实际环境中的验证（TRL 7），系统原型在实际应用环境中进行测试，以验证其性能和稳定性。

例子：将新型医疗设备在医院环境下进行试点运行。

特点：开始积累实际应用场景中的数据，为进一步优化提供依据。

（8）成熟系统的测试和验证（TRL 8），技术产品化后，进行大规模测试和试运行，确保能够满足市场需求。

例子：新能源汽车在多个城市进行示范运行。

特点：技术已经基本成熟，但可能需要进一步调整以适应市场需求。

（9）技术的全面商业化（TRL 9），技术完全成熟，进入全面商业化阶段，成为可以投放市场的产品或服务。

例子：智能手机技术的成熟，成为大众消费品。

特点：技术风险最低，市场化潜力最大，开始产生经济效益。

1.3.3 TRL 模型的应用场景

第一，可以作为科技研发中的决策工具。

TRL 模型为科研机构和企业提供了清晰的技术评估框架。通过判断技术所处的 TRL 阶段，可以明确研发目标，优化研发路线。例如，在 TRL 4 阶段，企业需要重点解决技术原型的研发问题，而在 TRL 7 阶段，则需要考虑技术在实际环境中的适应性和可靠性。

第二，可以作为政府政策支持的依据。

政府通常根据技术所处的 TRL 阶段制定有针对性的支持政策。例如，对 TRL 1–3 阶段的基础研究，提供科研基金支持；对 TRL 4–6 阶段的技术开发，提供孵化器、中试中心等资源支持；对 TRL 7–9 阶段的产业化，提供税收优惠、融资支持等政策。

第三，可以作为企业技术投资的评估工具。

对于企业而言，TRL 模型可以帮助评估技术的市场化潜力，降低投资风险。例如，风险资本往往更青睐 TRL 6 及以上阶段的技术，因为这些技术已经具备较高的成熟度和市场化可能性。

1.3.4 TRL 模型在产业化中的挑战

尽管 TRL 模型为技术评估与转化提供了重要工具，但在实际应用中仍面临诸多挑战。

首先，是技术“死亡之谷”问题，从 TRL 4 到 TRL 7 阶段的技术中试和工程化开发，需要投入大量资金和资源，许多技术因缺乏支持而难以跨越这一阶段。

其次，是市场需求的不确定性，技术成熟度高并不代表市场一定接受，企业需要同时关注市场需求变化。

最后，是跨学科协作的复杂性，技术从实验室走向市场通常需要多学科协作，但不同领域的标准和语言可能存在差异。

TRL 模型是一种科学且实用的技术成熟度评估工具，为科研机构、企业和政府提供了清晰的技术开发路径和决策依据。从 TRL 1 的基础研究到 TRL 9 的全面商业化，技术需要跨越多个阶段，每个阶段都有其独特的挑战和机遇。通过合理运用 TRL 模型，可以有效降低技术转化风险，加速科技成果的产业化进程，为经济发展和技术创新提供重要动力。

1.4 按行业领域分类

科技成果不仅可以通过技术成熟度进行分级，还能够按照其应用的行业领域进行分类。按行业领域分类的方式,不仅可以更清晰地展示科技成果的特点，还能有效指导其产业化路径和市场化应用。不同领域的科技成果因其行业属性的差异，呈现出独特的技术要求、研发路径和商业价值。从信息技术（ICT）、生物医药、先进制造到绿色能源，不同领域的科技成果在推动经济发展和社会进步中扮演着关键角色。

1.4.1 信息技术领域

在信息技术领域，科技成果通常具有高度数字化、模块化和快速迭代的特点。信息技术涵盖计算机科学、通信技术、人工智能、大数据等多个方向，是目前科技创新最活跃的领域之一。以人工智能（AI）为例，其科技成果包括深度学习算法、自然语言处理技术、计算机视觉模型等，可广泛应用于自动驾驶、语音识别和图像处理等场景。

信息技术的创新往往来自算法突破、硬件升级和数据驱动。例如，5G技术的出现，不仅提高了通信网络的速度和效率，还为物联网、智慧城市和大规模工业自动化奠定了基础。在信息技术领域，科技成果的一个显著特点是技术前沿性和高迭代性。以芯片技术为例，摩尔定律的推动使得芯片性能不断提升，而生命周期却相对较短，这促使企业必须快速进行创新以抢占市场。

同时，信息技术还表现出强烈的跨领域融合趋势，如人工智能与生物医药的结合推动了精准医疗的发展，大数据技术与制造业的结合则催生了智能制造。一个典型案例是Waymo的自动驾驶技术，它通过传感器、算法和大数据的结合，正在重塑传统汽车行业和交通运输模式。

1.4.2 生物医药领域

生物医药领域是另一个科技成果高度集中的行业，也是技术与资本密集型行业的代表。生物医药科技成果的特点在于高成本、高风险和长周期，但一旦成功，其商业价值和社会效益极为显著。例如，抗癌药物PD-1抑制剂的研发，为癌症治疗提供了全新的免疫疗法，成为全球生物医药市场的突破性成果。在基因编辑技术方面，CRISPR/Cas9技术的出现，使得人类能够以更低成本、更高精度对基因进行编辑，为治疗遗传疾病、农业育种和生物能源开发提供了新的可能性。

然而，生物医药领域的科技成果产业化过程往往极具挑战性。从实验室研究到药品上市，通常需要十年以上的研发周期和数十亿美元的投入。以辉瑞和Moderna研发的新冠mRNA疫苗为例，这一技术突破通过紧急授权迅速实现市场化，展现了生物医药科技成果在应对全球公共卫生危机中的潜力与价值。

尽管如此，生物医药领域的科技成果在转化过程中仍需面对严格的监管要求和临床试验的不确定性，这使得这一领域的科技成果产业化风险尤为突出。

1.4.3 先进制造领域

在先进制造领域，科技成果直接推动了制造业的现代化与数字化转型，是实现工业 4.0 和智能制造的基础。先进制造领域的科技成果包括工业机器人、增材制造（3D 打印）、智能传感器以及工业互联网平台等。这些成果通常具有高自动化水平和技术集成性的特点。例如，3D 打印技术的应用，不仅能够显著降低制造成本，还能够满足个性化定制需求，在航空航天、医疗器械、建筑等领域均得到了广泛应用。波音公司利用 3D 打印技术制造飞机零部件，成功减少了传统加工中的材料浪费，提高了生产效率。

同时，工业互联网平台的出现，使得制造业能够通过数据采集、分析和优化实现全流程的智能化管理。通用电气（GE）开发的 Predix 平台，能够通过物联网技术连接设备与数据，为工业企业提供了前所未有的生产优化能力。

值得注意的是，先进制造领域的科技成果往往需要多学科技术的融合，包括机械工程、信息技术、材料科学等。例如，德国工业 4.0 战略通过引入智能化生产线和工业机器人，显著提升了制造业的自动化水平，同时推动了全球制造业向数字化方向的转型。

1.4.4 绿色能源领域

绿色能源领域的科技成果则致力于应对全球气候变化和能源结构转型的挑战，是实现可持续发展的重要力量。绿色能源科技成果的核心目标是开发清洁、可再生的能源技术，同时提高能源的存储与利用效率。

太阳能、风能、氢能，以及储能技术等是当前绿色能源领域的主要发展方向，其中光伏技术的发展尤为突出。例如，中国光伏产业通过技术创新和规模化生产，已经成为全球领先者。高效光伏电池技术的突破，使得太阳能的发电成本进一步降低，推动了清洁能源的大规模普及。在储能技术方面，锂离子电池和固态电池的研发显著提升了新能源汽车的续航能力和安全性。特斯拉推出的 4680 电池，不仅提高了能量密度，还有效降低了电池制造成本，为电动汽车的发展奠定了技术基础。与此同时，氢能作为一种清洁、高效的能源载体，也逐渐成为能源领域的研发热点。丰田推出的氢燃料电池汽车 Mirai，标志着氢能技术已经进入实际应用阶段。

绿色能源领域的科技成果具有政策驱动性强、地域依赖性高的特点。例如，欧洲多国为推动可再生能源的发展，出台了一系列补贴政策，这直接刺激了风能和光伏技术的快速发展。

按行业领域分类的科技成果分析，不仅能够帮助科研机构和企业更精准地识别市场需求，还能为政府制定有针对性的产业政策提供依据。例如，信息技术领域的科技成果需要快速迭代和资本支持，而生物医药领域则更依赖长期研发投入和严格的监管体系。同时，不同行业的科技成果之间往往存在协同效应，通过跨领域融合可以催生新的产业形态。例如，人工智能与生物医药的结合，推动了精准医疗和个性化治疗的发展；大数据与制造业的结合，促成了以工业互联网为基础的智能制造。未来，随着全球科技创新的加速发展，各行业科技成果的边界将进一步模糊，跨行业协作将成为推动科技成果转化和产业化的关键动力。

1.5 按企业技术需求分类

按照企业技术需求对科研成果进行分类，主要目的是便于科技成果产业化从业人员挖掘并锁定技术需求者，助力成果转化落地。

1.5.1 按照科技创新成果落地企业和应用目标分类

表 2–1 不同企业的需求

企业类型	需求内容
民营企业	小型民营企业大部分以代工为主，技术含量低，大部分没有技术需求,只有小部分有创新意识的老板会对新的技术感兴趣。大部分企业技术需求集中在中大型民营企业，这些企业成立时间长，市场稳定，财务状况健康。对于降本增效、节能减排，以及对成熟的新项目引进方面存在较大需求
外资企业	大部分外资企业在华的主要职能是生产与销售，它们有自己的核心技术与产品。这些企业基本没有技术需求,或者很难去解决行业难题
领军企业	领军企业有比较强的创新性，尤其是行业领军企业，它们普遍依靠领先的技术获取领军地位，更愿意接受新的技术和方法
国有企业	国有科技企业与其他性质企业相比，通常能够获得更多的资源支持，自有渠道资源也较多，这些企业对项目技术的要求往往会很高。要求项目技术成熟，待产业化，具有一定的先进性

表 2–2 不同目标的需求

需求类别	需求内容
降本增效类	通过新技术的引入来降本增效，提高企业竞争力，此类需求主要集中在工艺路线改进、机器换人、自动化改造与数字化改造等方面
节能减排类	通过引入新技术来解决环保及能耗问题以达到环保部门的要求，此类需求主要集中于工业三废的处理
产品升级类	产品升级换代是指用质量更好、效率更高、功能更齐全的新型产品取代原有产品。此类需求较常见。例如，苹果公司每年都会更新新一代的 iPhone
新产品拓展类	通过扩大产品线在市场上的范围以延长产品线。例如，企业原来只生产手机，现在拓宽产线到生产电脑、平板等新的产品
产业链上下游整合类	企业利用现有市场渠道资源，整合上下游优质项目。例如做永磁材料企业，寻找永磁电机技术向下延伸。此类企业往往对优质的、成熟的技术都感兴趣，对新技术所属的行业类别没有限制
其他类	

1.5.2 联合国技术分类

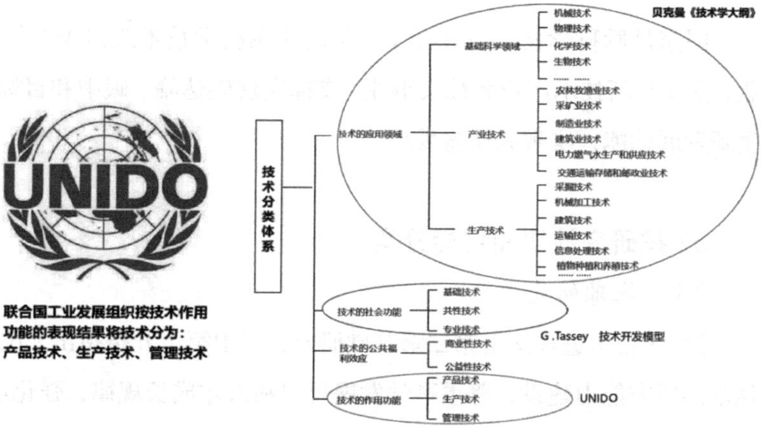

图 2-1 联合国技术分类

1.5.3 科技管理分类

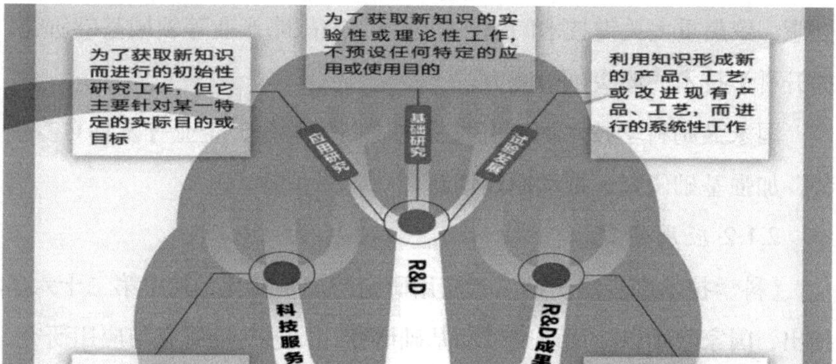

图 2-2 科技管理分类

第二节 《科学技术进步法》中的科技成果分类

国家鼓励科学技术研究开发，推动应用科学技术改造提升传统产业、发展高新技术产业和社会事业，支撑实现碳达峰、碳中和目标，催生新发展动能，实现高质量发展。

2.1 按研究性质和目标分类

2.1.1 基础研究

《科学技术进步法》第二章基础研究，其中第十九条指出，国家加强基础研究能力建设，尊重科学发展规律和人才成长规律，强化项目、人才、基地系统布局，为基础研究发展提供良好的物质条件和有力的制度保障。

国家加强规划和部署，推动基础研究自由探索和目标导向有机结合，围绕科学技术前沿、经济社会发展、国家安全重大需求和人民生命健康，聚焦重大关键技术问题，加强新兴和战略产业等领域基础研究，提升科学技术的源头供给能力。

国家鼓励科学技术研究开发机构、高等学校、企业等发挥自身优势，加强基础研究，推动原始创新。

2.1.2 应用研究

《科学技术进步法》第三章应用研究与成果转化，其中第二十六条指出，国家鼓励以应用研究带动基础研究，促进基础研究与应用研究、成果转化融通发展。

国家完善共性基础技术供给体系，促进创新链产业链深度融合，保障产业链供应链安全。

第二十七条指出，国家建立和完善科研攻关协调机制，围绕经济社会发展、国家安全重大需求和人民生命健康，加强重点领域项目、人才、基地、资金一体化配置，推动产学研紧密合作，推动关键核心技术自主可控。

第二十八条指出，国家完善关键核心技术攻关举国体制，组织实施体现国家战略需求的科学技术重大任务，系统布局具有前瞻性、战略性的科学技术重大项目，超前部署关键核心技术研发。

2.1.3 技术创新

《科学技术进步法》第四章企业科技创新，其中第三十九条指出，国家建立以企业为主体，以市场为导向，企业同科学技术研究开发机构、高等学校紧密合作的技术创新体系，引导和扶持企业技术创新活动，支持企业牵头国家科技攻关任务，发挥企业在技术创新中的主体作用，推动企业成为技术创新决策、科研投入、组织科研和成果转化的主体，促进各类创新要素向企业集聚，提高企业技术创新能力。

国家培育具有影响力和竞争力的科技领军企业，充分发挥科技领军企业的创新带动作用。

2.1.4 前沿技术研究

《科学技术进步法》第一章总则，其中第七条指出，国家遵循科学技术活动服务国家目标与鼓励自由探索相结合的原则，超前部署有重大产业应用前景的前沿技术研究。

前沿技术研究对于推动产业升级、培育新兴产业和提升国家竞争力具有重要意义，有助于在关键领域取得突破，实现技术引领和创新发展。

2.1.5 社会公益性技术研究

《科学技术进步法》第一章总则，其中第七条指出，国家遵循科学技术活动服务国家目标与鼓励自由探索相结合的原则，超前部署重大基础研究、有重大产业应用前景的前沿技术研究和社会公益性技术研究，支持基础研究、前沿技术研究和社会公益性技术研究持续、稳定发展，加强原始创新和关键核心技术攻关，加快实现高水平科技自立自强。

这类研究主要面向社会公共利益，如环境保护、公共卫生、灾害防治、公共安全等领域，旨在提供公共科技服务，解决社会发展中的共性问题，保障人民群众的生命财产安全和社会的可持续发展。

2.1.6 关键核心技术研究

关键核心技术是国之重器，对国家的经济安全、国防安全和其他安全具有重要影响。当前，我国在一些关键核心技术领域仍面临“卡脖子”问题，如高端芯片制造技术、航空发动机技术等。

《科学技术进步法》强调要加强原始创新和关键核心技术攻关，加快实现高水平科技自立自强。关键核心技术的缺失严重制约了我国产业的升级和发展，使得我国在国际竞争中处于被动地位。例如，在信息技术产业中，由于高端芯片技术受制于人，我国相关企业的发展受到极大限制。加强关键核心技术攻关，是实现我国经济高质量发展、保障国家安全的必然要求，只有掌握关键核心技术，才能在全球产业链和供应链中占据主导地位，提升国家的综合实力。

2.2 按研究服务面向分类

2.2.1 面向世界科技前沿的研究

鼓励科学技术研究瞄准国际先进水平，跟踪和探索全球科技发展的最新趋势和前沿领域，开展前沿科学问题研究和关键核心技术攻关，提升我国在全球科技竞争中的地位和影响力，推动我国科技与世界科技的交流与合作。

2.2.2 面向经济主战场的研究

强调科学技术研究要紧密结合经济发展的需求，围绕产业升级、企业创新、市场竞争力提升等方面开展研究工作，促进科技成果产业化为现实生产力，推动经济高质量发展，提高经济发展的质量和效益。

2.2.3 面向国家重大需求的研究

针对国家安全、国防建设、重大基础设施建设、战略性新兴产业发展等国家重大战略需求，开展相关科学技术研究，提供关键技术支撑和保障，确保国家在关键领域的自主可控和安全发展。

2.2.4 面向人民生命健康的研究

聚焦人民群众生命健康相关的科学技术问题，如疾病预防、诊断、治疗、公共卫生体系建设等领域，加强医学科研、生物技术研发等工作，提高医疗卫生水平，保障人民群众的身体健康和生命安全。

2.3 不同科研主体的主要任务

我国的科研主体由国家战略科技力量、企业、科研机构和高等院校等四部分构成。

2.3.1 国家战略科技力量

构建和强化以国家实验室、国家科学技术研究开发机构、高水平研究型大学、科技领军企业为重要组成部分的国家战略科技力量，在关键领域和重点方向上发挥战略支撑引领作用和重大原始创新效能，服务国家重大战略需要。基础研究工作主要由它们承担。

2.3.2 企业

企业主要围绕自己的产品升级换代，迭代优化开展研究工作，是新技术、新产品、新工艺等的主要研发主体，有的领军企业具备承担基础研究和产业共性、关键技术的研究能力。我国鼓励企业开展科学技术研究开发活动，强调企业在技术创新中的主体地位，通过保护企业知识产权、建立有利于技术创新的制度等措施，引导和支持企业加大研发投入，提高自主创新能力，推动企业技术进步和产业升级。

2.3.3 科研机构

科研机构包括利用财政性资金设立的研究开发机构和社会力量设立的研究开发机构，由国家级和地方级组成。各类研究开发机构在基础研究、应用研究、前沿技术研究等方面发挥着不同的作用，依法享有开展科学技术研究开发活动的权利，并承担相应的责任和义务。国家级科学研究机构一般是国家战略科技力量的组成部分。

2.3.4 高等院校

高等院校分为研究型、研究-教学型、教学型高校、应用型大学和高等专科院校,它们在科学研究和成果转化中承担着不同的角色。发挥高等院校在科学技术研究中的重要作用，鼓励高等院校开展科学研究、技术开发和社会服务，加强基础学科建设和基础研究人才培养，推动高等院校基础研究高质量发展，培养具有社会责任感、创新精神和实践能力的高级专门人才，促进学科交叉融合和知识创新。

第三节　不同科技成果的价值定位

基础研究为科技发展筑牢根基，提供原始创新的源泉；应用研究与成果转化将科技成果与实际生产生活紧密相连，推动产业升级和社会发展；前沿技术研究引领科技发展方向，为新兴产业培育奠定基础；社会公益性技术研究保障社会公共利益，促进社会可持续发展；关键核心技术攻关关系到国家的战略安全和产业竞争力。

3.1 基础研究的价值定位

基础研究是为获得关于现象和可观察事实的基本原理及新知识而进行的实验性和理论性研究，它不以任何专门或特定的应用或使用为目的。

基础研究经费主要由国家支持，同时鼓励有条件的地方人民政府合理确定基础研究财政投入，引导企业加大基础研究投入，鼓励社会力量通过捐赠、设立基金等方式多渠道投入基础研究。

基础研究的突破往往能引发一系列的技术变革和产业革命。例如，电磁感应原理的发现，为后来发电机和电动机的发明奠定了基础，从而开启了电气时代；基础研究能够提升国家的原始创新能力，在全球科技竞争中占据制高点；基础研究有助于培养高素质的科研人才，通过参与基础研究项目，科研人员能够锻炼严谨的科学思维和创新能力，为整个科技领域输送优秀人才。

3.2 应用研究与成果转化

应用研究是为获得新技术而进行的创造性的研究，具有特定的实际目的或应用目标。《科学技术进步法》中的“前沿技术研究”“社会公益性技术研究”“共性基础技术研究”“共性关键技术研究”等都属于应用研究范畴。例如，在医学领域，针对某种新型疾病的治疗方法研究，就是基于对相关医学基础理论的应用，探索能够有效治愈该疾病的新途径，具有明确的应用目标。应用研究具有目标明确、获取新的知识或技术以解决实际问题、成果具有专门性质等特点。它针对具体领域、问题或情况开展研究，成果形式以科学论文、专著、原理性模型或发明专利为主。

应用研究能够将基础研究的成果快速转化为实际生产力，推动产业升级和经济发展。例如，信息技术领域对人工智能算法的应用研究，催生了众多智能产品和服务，如智能语音助手、智能安防系统等，极大地改变了人们的生活方式，带动了相关产业的快速发展。成果转化则进一步实现了科技成果的市场价值，促进了科技与经济的紧密结合。应用研究与成果转化对于解决社会实际问题，如改善医疗条件、提高能源利用效率、加强环境保护等也具有重要作用，能够直接提升人民的生活质量，促进社会的可持续发展。

3.3 前沿技术研究

前沿技术研究是指在科技发展前沿领域开展的探索性研究，旨在开拓新的技术领域和方向，是推动新产品和未来产业发展的重要力量，具有如下特征。

第一，具有创新性与颠覆性。它不仅是对现有技术的改进，更是对传统技术体系的根本性替代或重塑。例如，量子计算技术的出现，完全颠覆了传统计算机基于二进制的计算逻辑，开辟了计算速度和复杂性的新维度。再如，人工智能的崛起，从深度学习到大语言模型的突破，使得机器具备了接近人类的感知和认知能力，颠覆了传统的自动化和分析方法。

第二，高度跨学科融合。单一学科的理论和方法不足以解决复杂的技术问题。例如，生物技术领域的基因编辑技术不仅依赖于生物学知识，还需要化学、物理学以及计算机科学的支持。再如，CRISPR/Cas9 基因编辑技术的成功，不仅得益于生物学对酶机制的理解，还依赖于精密仪器的支持和数据算法的优化。

第三，高风险与高回报。前沿科技的研发通常需要大量的资源投入，包括资金、人才、设备和时间等，但其成功的不确定性也极高。例如，量子计算的商业化仍处于初期阶段，尽管其潜力巨大，但短期内能否实现实用化仍存疑。然而，一旦技术突破，其回报将是巨大的。

第四，长研发周期与复杂产业化路径。前沿科技通常需要经历漫长的研发周期，从基础理论研究到技术验证，再到工程样机开发和市场化应用，不仅需要技术本身的突破，还需要政策支持、市场开发以及产业链的协同作用。例如，核聚变技术作为清洁能源的代表，尽管经过了数十年的研究，仍未实现大规模应用。

随着科技的快速发展，前沿技术研究呈现出多学科交叉融合的趋势。例如，生物科技与信息技术的融合，产生了生物信息学，为基因测序、疾病诊断等提供了新的技术手段；前沿技术研究的速度不断加快，新技术、新成果不断涌现。从人工智能到区块链、从虚拟现实到纳米技术，前沿技术的迭代更新周期越来越短；国际竞争与合作并存，各国在前沿技术领域竞争激烈，但同时也认识到合作的重要性，通过国际合作能够整合全球资源，加速前沿技术的突破。未来，前沿技术研究将更加注重解决全球性问题，如可持续发展、公共卫生安全等，为人类的未来发展提供支撑。

3.4 社会公益性技术研究

社会公益性技术研究主要针对社会公共利益相关领域开展，如环境保护、医疗卫生、公共安全等。在环境保护领域，对大气污染治理技术、污水处理技术的研究；在医疗卫生领域，对重大疾病防控技术、公共卫生应急技术的研究等都属于社会公益性技术研究范畴。

社会公益性技术研究面临着资金投入相对不足的问题，由于其成果的公益性，商业资本投入积极性不高，主要依赖政府财政支持，资金缺口较大。研究成果的转化和应用难度较大，部分社会公益性技术在实际推广中面临成本高、配套设施不完善等问题。

3.5 关键核心技术攻关

在关键核心技术攻关中，要坚持自主创新与开放合作相结合的策略。一方面，加大自主研发投入，提高自主创新能力，掌握核心技术的知识产权。另一方面，积极开展国际科技合作，在一些非敏感领域引进国外先进技术和经验，促进技术的快速提升。加强基础研究对关键核心技术攻关的支撑作用，从源头上解决技术难题。例如，在材料科学基础研究的基础上，研发出新型高性能材料，为高端装备制造提供支撑。注重人才培养和引进，打造一支高素质的关键核心技术攻关人才队伍。通过高校专业设置调整、企业人才培养计划等方式，培养一批既懂理论又能实践的复合型人才。未来，随着我国在关键核心技术攻关方面的持续投入和机制不断完善，有望在更多领域实现关键核心技术的突破，推动我国从科技大国向科技强国迈进，为实现中华民族伟大复兴的中国梦提供坚实的科技支撑。

第四节 技术创新

从蒸汽机轰鸣打破农耕文明的沉寂，到 ChatGPT 掀起认知革命的海啸，技术创新始终是人类文明演进的核心动力。在知识爆炸的 21 世纪，技术创新已超越单纯的技术进步范畴，演变为重塑社会结构、经济形态和文明范式的系统性变革。

4.1 技术创新的本质与内涵

技术创新（technological innovation）的本质是知识向生产力的创造性转化。不同于发明（invention）、创新（innovation），它强调市场价值的实现。经济学家约瑟夫 · 熊彼特在《经济发展理论》中首次系统阐述创新理论，提出创新的五种形态：新产品、新生产方式、新市场、新资源、新组织方式。

4.2 技术创新的特征

（1）指数级加速：技术扩散速度从蒸汽机的 80 年缩短至智能手机的 3 年（数据来源：美国专利局）。

（2）跨学科融合：生物芯片技术聚合微电子、合成生物学、纳米材料三大领域。

（3）人机协同：AlphaFold 破解蛋白质折叠难题，展现 AI 驱动科学发现的范式转变。

4.3 技术创新的主要类型

（1）颠覆性创新，彻底改变行业规则的技术突破，如智能手机（2007—2022）全球渗透率从 0.3% 跃升至 85%（GSMA 数据）。

（2）渐进式创新，持续优化的技术演进路径，如半导体工艺从 28 纳米到 3 纳米制程，晶体管密度提升 50 倍。

（3）开放式创新，突破组织边界的协作模式，如安卓生态，全球 3000 万名开发者贡献超 300 万款应用。

（4）反向创新，新兴市场引领的技术革新，如中国短视频算法，TikTok 推荐引擎处理效率超 YouTube 3 倍。

4.4 核心驱动力矩阵

表 2-3 不同要素的驱动力

要素类型	典型例证	影响权重（麦肯锡）
市场需求	疫情催生 mRNA 技术突破	35%
技术推动	算力增长使深度学习成为可能	30%
政策引导	中国“双碳”政策推动新能源创新	20%
社会文化	Z 世代催生 Web3.0 创新浪潮	15%

第三章　社会财富增长

第一节　财富水平衡量指标

科技创新正在以前所未有的速度和深度重塑着产业形态，成为推动区域经济增长的核心动力。生产设备的更新换代、生产方式的优化创新以及产品结构的转型升级，形成了“创新驱动—工具升级—范式转型—产品溢价”的财富生成链条，共同构成了区域经济发展的关键支撑体系。

生产设备作为科技创新的物质载体，其先进程度直接影响着生产效率和产品质量;生产方式的变革则通过优化资源配置、降低生产成本和提升生产灵活性，进一步释放生产潜力；产品结构的调整与升级则是适应市场需求变化、提高产品附加值和增强市场竞争力的关键举措。这三个要素相互关联、相互促进，共同构成了区域经济财富增长的乘数效应机制。

1.1 四要素的协同作用机制

1.1.1 科技创新作为内生变量的经济增长模型

科技创新在区域经济增长中扮演着至关重要的角色，已成为现代经济理论研究的核心议题。以 Romer（1990）为代表的内生增长理论将科技创新内生化，为理解经济增长提供了更为深入的视角。

Romer 的内生增长理论强调知识的非竞争性和部分排他性，认为知识溢出是推动经济持续增长的关键力量，构建包含人力资本、研发投入和技术扩散的动态模型，具有重要意义。人力资本作为知识和技能的载体，是科技创新的核心要素；劳动者科技能力的不断提升，能够更有效地吸收和应用新知识，推动技术创新的发展；研发投入则是科技创新的直接驱动力，企业和科研机构通过投入大量的资源进行研究与开发，不断探索新的技术和知识，为经济增长提供新的动力源泉；技术扩散则是将科技创新成果传播和应用到更广泛的领域，促进整个经济体系的生产率提升。

以北京中关村示范区为例，作为我国科技创新的高地，中关村汇聚了大量的高科技企业、高校和科研机构，形成了浓厚的创新氛围和完善的创新生态系统。近年来，中关村示范区的技术合同成交额持续增长，2023 年达到了 5000 亿元，同比增长 15%。实证研究显示，中关村示范区技术合同成交额每增加 10 亿元，周边区域全要素生产率就提升 0.12 个百分点。这一数据充分表明，中关村示范区的科技创新成果通过技术扩散，对周边区域的经济增长产生了显著的溢出效应。这种溢出效应不仅体现在直接的技术转移和应用上，还通过人才流动、知识传播和产业关联等渠道，促进了周边区域企业的技术创新和管理水平提升，进而提高了全要素生产率。

在深圳南山科技园聚集了深圳大学、南方科技大学等多所高校，以及华为、腾讯等众多知名企业，形成了产学研深度融合的创新格局。通过建立联合实验室、技术转移中心等合作平台，高校和科研机构的科研成果能够快速转化为企业的实际生产力，实现了专利转化率年均增长 18% 的良好效果。这种协同创新机制不仅提高了创新效率，降低了创新成本，还促进了创新资源的优化配置，增强了区域的创新能力和竞争力。

1.1.2 生产设备智能化的经济影响测度

生产设备作为生产过程的物质基础，其智能化水平的提升对区域经济发展具有深远影响。在现代经济中，智能化生产设备已成为提高生产效率、降低生产成本和提升产品质量的关键因素。从经济学理论的角度来看，生产设备智能化主要通过资本深化和技术替代两条路径影响经济增长。

资本深化是指在生产过程中,资本投入相对于劳动投入的增加。随着生产设备智能化程度的提高，企业需要投入更多的资本来购置先进的智能设备，如工业机器人、自动化生产线等。以上海为例，近年来上海大力推进制造业智能化转型，工业机器人密度不断提升。数据显示，上海工业机器人密度每提升 10 台 / 万人，制造业劳动生产率增长 1.2%。这表明，智能化生产设备的投入有效提高了劳动者的生产能力，使得单位劳动能够创造更多的价值，从而推动了制造业劳动生产率的提升。

技术替代则是指智能化生产设备对传统生产方式的替代，从而带来生产效率的提升和成本的降低。以苏州工业园为例，该园区积极推动企业进行智能化改造，引入先进的智能制造技术和设备。通过对园区内企业的实证研究发现，智能化改造使企业全要素生产率年均增长 4.3%,其中技术进步贡献度达 68%。这说明，智能化生产设备的应用不仅提高了生产效率，还推动了企业的技术进步，使企业能够在更高效的生产方式下运营，从而提升了全要素生产率。

1.1.3 生产方式变革的财富创造逻辑

生产方式的变革是区域经济发展的重要驱动力，它深刻影响着企业的生产效率、成本结构和市场竞争力，进而决定了区域经济的财富创造能力。在全球经济一体化和市场竞争日益激烈的背景下，传统的大规模、标准化生产方式逐渐难以满足多样化、个性化的市场需求，柔性生产体系和绿色制造范式应运而生。

柔性生产体系以其高度的灵活性和适应性，成为现代制造业应对市场变化的重要生产方式。基于 Baldwin（2012）的全球价值链理论，柔性生产体系强调以客户需求为导向，通过快速响应市场变化，实现生产过程的定制化和个性化。以宁波服装产业为例，近年来宁波服装企业积极引入顾客对工厂（customer-to-manufacturer，C2M）模式，实现了从传统生产模式向柔性生产体系的转变。在 C2M 模式下，企业通过与消费者的直接互动，获取消费者的个性化需求信息，并根据这些需求进行产品设计和生产。这种模式不仅缩短了生产周期，降低了库存成本，还使单件产品附加值提升至 230%。这一案例充分验证了需求侧创新对供给体系的重构作用，通过满足消费者的个性化需求，企业能够提高产品的附加值和市场竞争力，从而实现财富的创造和积累。

随着全球对环境保护和可持续发展关注度的不断提高，绿色制造范式已成为生产方式变革的重要方向。绿色制造范式强调在生产过程中减少对环境的负面影响，实现经济增长与环境保护的良性互动。构建包含环境约束的动态随机一般均衡（dynamic stochastic general equilibrium，DSGE）模型，可以对绿色制造范式的经济影响进行模拟和分析。以宝武集团为例，该集团积极推进氢基炼钢技术应用，这一绿色制造技术的采用不仅降低了碳排放强度，还带来了显著的经济效益。模拟显示，宝武集团氢基炼钢技术应用可使区域 GDP 增长 1.8%，同时降低碳排放强度 15%。这表明，绿色制造范式通过技术创新和资源优化配置，实现了经济效益和环境效益的双赢，为区域经济的可持续发展提供了有力支撑。

1.2 四要素与地区差

1.2.1 中国三大经济带要素配置比较

为了深入探究科技创新、生产设备、生产方式和产品结构对区域经济财富的影响，我们对中国三大经济带，即东部地区、中部地区和西部地区的要素配置情况进行了详细的比较分析。通过对相关数据的收集和整理，我们得到了以下关键指标的对比情况：

表 3-1 中国三大经济带关键指标对比

指标	东部地区	中部地区	西部地区
研发强度（%）	2.87	1.63	1.21
工业机器人密度（台 / 万人）	320	180	95
新产品产值率（%）	28.6	19.4	14.2
全要素生产率贡献度（%）	62	48	35

从研发强度来看，东部地区以 2.87% 的占比遥遥领先于中部地区的 1.63% 和西部地区的 1.21%。这表明东部地区在科技创新方面的投入力度更大，能够为区域经济发展提供更强大的技术支持。以广东为例，作为东部经济大省，广东在电子信息、生物医药等领域持续加大研发投入，推动了一批具有国际竞争力的高科技企业的发展，如华为、腾讯等。这些企业通过不断创新，不仅提升了自身的市场竞争力，还带动了整个区域的经济增长。研究表明，广东每增加 1 亿元的研发投入，能够带动相关产业产值增长 5 亿元以上。

工业机器人密度是衡量生产设备智能化水平的重要指标。东部地区的工业机器人密度达到 320 台 / 万人，远高于中部地区的 180 台 / 万人和西部地区的 95 台 / 万人。这意味着东部地区的企业在生产过程中更广泛地应用了智能化生产设备，能够提高生产效率和产品质量。以上海的汽车制造业为例，该行业广泛应用工业机器人，使其进行汽车零部件的生产和组装，生产效率大幅提升，单位产品成本降低了 15%。同时，产品质量也得到了显著提高，汽车的次品率从原来的 5% 降到了 2%。

新产品产值率反映了区域内产品结构的创新程度和升级水平。东部地区的新产品产值率为 28.6%，中部地区为 19.4%，西部地区为 14.2%。这显示出东部地区在产品创新方面具有明显优势，能够不断推出具有高附加值的新产品，满足市场的多样化需求。以浙江的纺织业为例，该省的纺织企业通过加大研发投入，不断开发新的纺织材料和生产工艺，推出了一系列具有高科技含量和高附加值的新产品，如智能穿戴纺织品、环保型纺织面料等。这些新产品不仅提高了企业的市场竞争力，还带动了整个纺织行业的升级和发展。

全要素生产率贡献度是衡量区域经济增长质量的关键指标，它综合反映了科技创新、生产设备、生产方式和产品结构等因素对经济增长的贡献。东部地区的全要素生产率贡献度达到 62%，中部地区为 48%，西部地区为 35%。这表明东部地区在要素配置效率方面表现最为突出，能够更有效地利用各种资源，实现经济的高质量增长。对东部地区典型企业的案例分析发现，科技创新对全要素生产率的提升贡献最大，约占 40%；生产设备的升级和生产方式的优化分别贡献了 30% 和 20%；产品结构的调整则贡献了 10%。这充分说明了科技创新在推动区域经济增长中的核心地位，以及其他要素与之协同作用的重要性。

1.2.2 典型区域的要素协同模式

为了进一步深入理解科技创新、生产设备、生产方式和产品结构在区域经济发展中的协同作用，我们对深圳、合肥和玉溪这三个典型区域进行了详细的案例分析，以探究它们各自独特的要素协同模式。

深圳作为我国科技创新的前沿阵地，以其独特的“创新雨林”生态而闻名。在这个生态系统中，研发投入、专利密度和高端制造占比呈现出三维领先的态势。深圳的研发投入占GDP的比重高达5.8%，大量的研发投入为科技创新提供了坚实的物质基础，使深圳在众多领域取得了丰硕的创新成果。深圳的专利密度达到了47件/万人，这一数据在全国处于领先地位。高专利密度不仅反映了深圳强大的创新能力，还为深圳的产业发展提供了有力的技术支撑。在高端制造方面，深圳的高端制造占比达到了38%，形成了以电子信息、生物医药、新能源等为代表的高端制造业集群。这些高端制造企业通过不断创新和技术升级，在全球市场中占据了重要地位。以华为为例，作为深圳高端制造的领军企业，华为在5G通信技术领域拥有大量的核心专利，其产品和服务覆盖了全球多个国家和地区。华为通过持续的研发投入和技术创新，不断提升自身的核心竞争力，推动了深圳高端制造业的发展。

合肥则依托“量子+新能源”双引擎，走出了一条独具特色的区域发展道路。合肥的研发强度达到3.2%，为科技创新提供了有力的支持。在量子通信领域，合肥取得了举世瞩目的成就，其量子通信专利占全国的15%。中国科学技术大学作为合肥量子科技的重要研发力量，在量子通信技术的研究和应用方面处于世界领先水平。合肥积极布局新能源汽车产业，目前新能源汽车产能已突破120万辆。蔚来、大众等知名汽车企业纷纷在合肥设立生产基地，带动了整个新能源汽车产业链的发展。通过量子科技和新能源汽车产业的协同发展，合肥实现了产业的升级和转型，提升了区域经济的竞争力。

玉溪作为欠发达地区，通过“科技入滇”工程，实现了特色突围。在生物医药领域，玉溪取得了显著的成绩，生物医药专利年增长率达到45%。沃森生物作为玉溪生物医药产业的龙头企业，在疫苗研发和生产方面具有较强的实力，其产品出口到30多个国家和地区。玉溪积极利用当地的资源优势，发展特色生物医药产业，如三七、天麻等中药材的深加工。通过科技创新和资源整合，玉溪的生物医药产业不断发展壮大，带动了当地经济的增长。

1.3 四要素提升的路径

1.3.1 生产设备创新

发达地区在区域经济发展中占据着领先地位，拥有丰富的创新资源和强大的经济实力。为了进一步巩固其优势，提升区域经济的核心竞争力，发达地区应实施创新策源战略，聚焦前沿科技领域，提升自己的生产设备智能化水平。

上海作为我国的经济中心和国际化大都市，在科技创新方面具有得天独厚的优势。为了实现这一目标，上海实施了“硬科技攻坚计划”，集中力量攻克一批关键核心技术，推动产业向高端化、智能化、绿色化方向发展。设立 500 亿元集成电路产业基金是上海“硬科技攻坚计划”的重要举措之一。该基金将重点支持集成电路设计、制造、封装测试等关键环节的技术创新和产业发展，吸引国内外优秀企业和人才集聚上海，推动上海集成电路产业实现跨越式发展。截至 2025 年 7 月，上海已实现 7 纳米芯片量产，这将使上海在全球集成电路产业中占据更加重要的地位，为上海乃至全国的电子信息产业发展提供强有力的支撑。

深圳是我国科技创新的重要引擎，以其敏锐的市场洞察力和强大的创新活力，在新兴技术领域取得了众多突破。深圳积极布局未来产业研究院，聚焦 6G 通信、量子计算、人工智能等前沿领域，加强基础研究和应用研究，推动科技成果转化和产业化。预计到 2030 年，深圳将形成万亿级产业集群，成为全球未来产业发展的重要引领者。深圳未来产业研究院将整合政府、高校、科研机构和企业等各方资源，打造产学研用深度融合的创新生态系统。通过建立联合实验室、产业创新中心等创新平台，促进科技成果的快速转化和应用，推动未来产业的快速发展。同时，深圳还将加大对未来产业的政策支持和资金投入，吸引全球优秀人才和创新资源集聚深圳，为未来产业的发展提供坚实的保障。

合肥作为我国中部地区的重要城市，近年来在经济发展和科技创新方面取得了显著成就。合肥推行“链长制”，围绕12条重点产业链，如集成电路、新型显示、新能源汽车等，组建专家专班，加强对产业链的统筹规划和协调推进。通过“链长制”，合肥能够精准对接产业链上下游企业的需求，解决企业发展中的痛点和难点问题，促进产业链的协同发展和创新升级。2023年，合肥引进重大项目投资超5000亿元，这些项目的落地将进一步壮大合肥的产业规模，提升产业竞争力，推动合肥经济实现高质量发展。

成渝地区作为我国西部地区的重要经济增长极，在推动区域协同创新方面进行了积极探索。成渝共建高竹新区，创新采用“研发在重庆、生产在四川”的飞地模式，打破了行政区划的限制，实现了区域间的资源优化配置和产业协同发展。在这种模式下，重庆的科研机构和高校为高竹新区提供技术研发和创新支持，四川则利用其土地、劳动力等资源优势，承接重庆的产业转移和生产制造环节。通过这种紧密的合作，高竹新区的跨区域技术交易额年增60%，实现了快速发展。高竹新区还积极推动基础设施互联互通、公共服务共建共享，加强区域间的人才流动和交流合作，为区域协同创新营造了良好的发展环境。

玉溪作为我国西南部的欠发达地区，积极利用“科技入滇”工程的机遇，加强与国内外高校、科研机构的合作，引进高端研发团队和先进技术，推动本地产业的创新发展。玉溪构建了“院士工作站+产业基地”体系，通过与院士及其团队的合作，提升本地企业的技术创新能力和核心竞争力。截至目前，玉溪已引进19个高端研发团队，这些团队在生物医药、高原特色农业等领域开展了深入的研究和技术攻关，并取得了一系列重要成果。在生物医药领域，玉溪的生物医药产业产值年增 35%,成为当地经济发展的新引擎。这些高端研发团队带来了先进的技术和创新理念，帮助玉溪企业攻克了一批关键核心技术，开发出了一系列具有市场竞争力的新产品，推动了生物医药产业的快速发展。

贵州作为我国大数据产业发展的先行者，依托"东数西算"工程，充分发挥其能源、气候等优势，大力发展数据中心产业。目前，贵州的数据中心标准机架突破 60 万架，成为全国重要的数据存储和计算中心。数据中心产业的发展不仅带动贵州数字经济规模突破 5000 亿元，还吸引了大量相关企业和人才集聚,促进了产业结构的优化升级。贵州还积极推动大数据与实体经济的深度融合，利用大数据技术提升传统产业的生产效率和管理水平，培育新兴产业，为经济发展注入新动力。通过大数据技术的应用，贵州的传统制造业实现了智能化转型，生产效率大幅提高，产品质量和市场竞争力显著提升。

第二节 生产工具与生产方式变革拉动经济增长

生产工具与生产方式，宛如推动人类社会进步的两大强劲引擎，二者紧密交织，共同绘就了人类社会发展的壮阔画卷。深入探究生产工具与生产模式的变革历程，不仅能让我们清晰洞察人类社会发展的内在逻辑与规律，更能为精准把握未来发展趋势、制定科学合理的发展战略，提供坚实的理论支撑与宝贵的实践经验借鉴。

2.1 生产工具与生产模式的演变历程

2.1.1 古代生产工具与生产模式

旧石器时代，人类主要依靠打制石器来获取食物和抵御野兽，工具功能单一。新石器时代，磨制石器开始广泛应用，石斧、石刀、石镰等功能日益增强，极大地提高了人类的劳动效率，形成了以家庭为单位的小规模农业生产模式。生产活动主要围绕满足自身基本生活需求展开，商品交换并不频繁。

金属生产工具广泛应用于农业、手工业等领域，有力地促进了农业生产的发展和手工业的繁荣，财富积累逐渐丰富、丰厚，形成了以手工劳动为基础的作坊式生产模式，商品经济开始萌芽。

2.1.2 工业革命时期的生产工具与生产模式变革

18世纪60年代的工业革命彻底改变了人类生产工具与生产模式的发展进程。蒸汽机作为一种强大的动力源被广泛应用，为各类机器设备提供了持续而稳定的动力支持，各种新的生产工具不断涌现，使生产效率呈几何倍数增长，工厂制度逐渐确立。

19世纪70年代，内燃机、电动机、发电机等动力设备的发明，让生产工具的动力更加便捷高效，生产过程实现了进一步的机械化和自动化，交通运输业的巨大变革，也为大规模生产和全球贸易奠定了坚实基础。

2.1.3 现代生产工具与生产模式的发展趋势

进入20世纪中叶，以电子计算机、信息技术、生物技术、新能源技术、新材料技术等为代表的第三次科技革命蓬勃兴起，将人类社会带入了全新的“信息时代”。在这一时代背景下，生产工具朝着智能化、自动化、数字化的方向迅猛发展。电子计算机的广泛应用使生产过程的控制和管理更加精准高效，数控机床、工业机器人等先进制造设备逐渐成为现代制造业的核心生产工具。数控机床能够根据预先编写的程序，精确控制刀具的运动轨迹，实现对零部件的高精度加工，大大提高了产品质量和生产效率；工业机器人则可在恶劣、危险或高强度的工作环境中代替人类进行重复性劳动，如汽车制造中的焊接、装配等工作。

它们具有高度的灵活性和精确性，能够24小时不间断作业，极大地提升了企业的生产能力和竞争力。

与此同时,生产模式也在不断创新和演进。随着信息技术的飞速发展，互联网、物联网、大数据、云计算等新兴技术与制造业深度融合，推动生产模式向智能化、网络化、个性化方向转变。智能制造模式逐渐成为主流，企业通过构建智能化的生产系统，实现了生产过程的全面自动化控制和优化管理。在智能制造模式下，生产设备之间能够相互通信和协作，根据市场需求和生产数据实时调整生产计划和工艺参数，实现生产过程的智能化决策和自适应控制；网络化协同制造模式也日益兴起，企业通过互联网将分布在不同地区的研发、设计、生产、销售等环节紧密连接起来，实现了资源的共享和协同运作。不同企业之间可以打破地域限制，共同开展产品研发、生产制造和市场开拓等活动，形成了一种高效、灵活的产业组织模式；此外，随着消费者需求日益多样化和个性化，大规模定制生产模式应运而生。企业利用先进的信息技术和柔性制造技术，能够根据客户的个性化需求，快速调整生产工艺和生产流程，实现对产品的定制化生产，既满足了客户的个性化需求，又保持了大规模生产的效率和成本优势。

2.2 改变生产工具和生产模式的科学研究

2.2.1 工业机器人在制造业中的应用研究

工业机器人作为现代先进生产工具的典型代表，在制造业中的应用研究一直是学术界和企业界关注的焦点。众多研究表明,工业机器人的广泛应用能够显著提高制造业的生产效率、产品质量和企业竞争力。以汽车制造业为例，工业机器人在汽车焊接、涂装、装配等环节发挥着至关重要的作用。通过精确的编程控制，工业机器人能够实现高速、高精度的焊接操作，确保焊接质量的稳定性和一致性，大大减少了人工焊接可能出现的缺陷和误差。同时，工业机器人可以在恶劣的涂装环境中工作，避免了人工涂装对工人身体健康的危害，并且能够实现更加均匀、精细的涂装效果。在装配环节，工业机器人能够快速、准确地完成各种零部件的装配任务，提高了装配效率和产品的可靠性。

研究还发现，工业机器人的应用不仅能够直接提升生产效率，还能带来一系列间接效益。例如，由于工业机器人能够24小时不间断工作，企业可以实现生产线的连续运行，提高了设备利用率，降低了生产成本。此外，工业机器人的应用还能促进企业生产流程的优化和重组，推动企业向智能化、自动化方向转型升级。然而，工业机器人的应用也面临一些挑战，如高昂的设备购置成本、复杂的编程和维护技术、对工人技能要求的提升等。为解决这些问题，研究人员正在不断探索新的技术和方法，如开发低成本、高性能的机器人系统，研究基于人工智能的机器人编程和控制技术，开展针对工人的机器人操作和维护培训等，以推动工业机器人在制造业中的更广泛应用和可持续发展。

2.2.2 3D打印技术对产品制造模式的变革研究

3D打印技术，又称增材制造技术，作为一种具有颠覆性的新型生产技术，正深刻改变着传统的产品制造模式。与传统的减材制造（如切削加工）和等材制造（如铸造、锻造）技术不同，3D打印技术是通过将材料逐层堆积的方式来构建物体，它突破了传统制造工艺的限制，能够实现复杂形状产品的快速、低成本制造。近年来，关于3D打印技术对产品制造模式变革的研究层出不穷。

在产品设计方面，3D打印技术赋予了设计师更大的创作自由度，他们可以设计出传统制造工艺无法实现的复杂几何形状和内部结构，如具有仿生学结构的产品、一体化的多功能零部件等，从而推动了产品创新和设计理念的变革。在制造过程中，3D打印技术实现了从“批量生产”到“个性化定制生产”的转变。企业可以根据客户的个性化需求，快速打印出定制化的产品，而无须像传统制造那样进行大规模的模具开发和生产，这大大缩短了产品的研发周期和生产周期，降低了生产成本。例如，在医疗领域，3D 打印技术可以根据患者的具体病情和身体数据，定制个性化的医疗器械和植入物，如义齿、假肢、骨科植入物等，提高了医疗治疗的精准性和效果。

此外，3D 打印技术还促进了分布式制造模式的发展。由于 3D 打印机体积相对较小，操作相对简单，企业可以在不同地区甚至消费者家中进行产品制造，减少了产品运输和库存成本，提高了供应链的灵活性和响应速度。然而，3D 打印技术目前也存在一些局限性，如打印材料种类有限、打印速度较慢、打印精度有待提高等。针对这些问题，科研人员正在积极开展相关研究，如研发新型打印材料、改进打印工艺和设备、提高打印精度和速度等，以进一步推动 3D 打印技术在产品制造领域的广泛应用和深度变革。

2.2.3 互联网与制造业融合下的生产模式创新研究

随着互联网技术的飞速发展，互联网与制造业的深度融合已成为当今制造业发展的重要趋势，由此催生了一系列全新的生产模式创新。相关研究聚焦于互联网如何改变制造业的生产组织方式、资源配置模式以及企业间协作关系等方面。

在生产组织方式上，互联网打破了传统企业内部各部门之间以及企业与企业之间的信息壁垒，实现了信息的实时共享和快速传递。企业可以通过构建基于互联网的协同制造平台，将分布在不同地区的研发、设计、生产、销售等环节紧密连接起来，实现跨地域、跨部门的协同工作。例如，一些大型制造企业通过建立全球研发网络，利用互联网将位于不同国家和地区的研发团队组织起来，共同开展产品研发工作，充分发挥各地的人才和技术优势，缩短了产品研发周期，提高了产品创新能力。

在资源配置模式方面，互联网使得企业能够更加便捷地获取全球范围内的优质资源，实现资源的优化配置。企业可以通过互联网平台发布需求信息，吸引全球供应商参与竞争，从而选择最合适的原材料、零部件供应商和合作伙伴。同时，企业还可以利用互联网大数据分析技术，对市场需求、生产进度、库存水平等信息进行实时监测和分析，实现生产资源的精准配置和动态调整，降低了生产成本，提高了生产效率。

在企业间协作关系上，互联网促进了制造业产业链上下游企业之间以及不同行业企业之间的深度协作与融合。基于互联网的产业生态系统逐渐形成，企业不再是孤立的个体，而是通过互联网平台与众多合作伙伴建立起紧密的合作关系，形成互利共赢的产业生态。例如，一些互联网企业与传统制造企业合作，利用互联网企业的大数据、云计算、人工智能等技术优势，帮助传统制造企业提升生产智能化水平和市场竞争力，同时传统制造企业也为互联网企业提供了应用场景和产业支撑，实现了双方的优势互补和协同发展。然而，互联网与制造业融合过程中也面临一些挑战，如网络安全问题、数据隐私保护问题、企业数字化转型困难等。为应对这些挑战，研究人员正在开展相关研究，如加强网络安全技术研发、制定数据隐私保护法律法规、为企业提供数字化转型咨询和培训服务等，以推动互联网与制造业融合的健康、可持续发展，促进更多生产模式创新的涌现。

2.3 生产工具和生产方式变革对社会经济的影响

生产工具的革新是产业升级创造更多财富的起点，生产方式的优化是科技成果价值释放的路径，装备制造的突破是产业持续升级优化的保障。产业升级遵循着“生产工具革新→生产方式重构→装备制造升级→全产业链价值跃迁、形成螺旋上升循环”规律。生产方式是生产关系与生产工具的适应性重构；生产工具是生产方式的重要体现和物质基础，倒逼生产方式变革。

生产工具始终是产业发展的核心驱动力，是产业变革的基础；生产方式决定装备制造的发展方向和需求，推动装备制造业不断创新和发展。现代社会中，随着生产方式向智能化、柔性化方向发展，装备制造也需要朝着智能化、高精度、高灵活性的方向发展，以满足不同行业、不同企业对生产装备的个性化需求。装备制造是生产工具的制造和升级的支撑，直接决定了生产工具的质量和性能。例如，工业互联网平台推动制造业从集中式管理转向分布式协同生产，催生“云工厂”“虚拟制造”等新模式。

2.3.1 产业结构的调整与升级

生产工具和生产模式的变革恰似一把精准的手术刀，对产业结构进行着深刻的调整与升级。每一次重大的生产工具革新和生产模式转变，都会引发产业结构的巨大变迁。在古代，随着金属冶炼技术的发展，青铜工具的广泛应用推动了农业和手工业的发展，使得农业在经济中的比重逐渐增加，同时手工业也从农业中分离出来，成为一个相对独立的产业部门，社会分工进一步细化。工业革命时期，机器生产取代了手工劳动，工厂制度确立，制造业迅速崛起并成为主导产业，大量劳动力从农业和手工业向制造业转移，产业结构发生了根本性的变化。第一次工业革命中，纺织业、采煤业、冶金业等传统产业在新技术的推动下得到了极大的发展，同时也催生了机械制造、交通运输等新兴产业；第二次工业革命中，电力、化工、汽车、航空等新兴产业蓬勃兴起，进一步改变了产业结构的格局，重工业在国民经济中的比重不断上升。

进入现代，以信息技术、生物技术、新能源技术等为代表的高新技术的发展，再次推动了产业结构的深度调整与升级。信息技术的广泛应用，催生了电子信息产业、软件产业、互联网产业等新兴产业，这些产业以其高附加值、高创新性和高成长性，成为推动经济发展的新引擎。同时，传统产业也在高新技术的改造下，实现了生产方式的智能化、数字化转型，生产效率大幅提高，产品质量显著提升，产业竞争力不断增强。例如，制造业通过引入工业机器人、数控机床等先进生产工具，实现了生产过程的自动化和智能化，从传统的劳动密集型产业向技术密集型产业转变;生物技术的发展推动了生物医药、生物农业等产业的兴起，为人类健康和农业可持续发展提供了新的解决方案;新能源技术的突破则促进了太阳能、风能、水能等新能源产业的快速发展，改变了能源产业的结构，减少了对传统化石能源的依赖，推动了经济的绿色可持续发展。

2.3.2 对劳动就业的影响

生产工具和生产模式的变革对劳动就业产生了复杂而深远的影响，犹如一把双刃剑，既带来了挑战，也创造了机遇。

从短期来看，生产工具的自动化和智能化发展，以及生产模式向高效化、集约化方向的转变，往往会导致部分传统岗位的减少，引发结构性失业问题。工业革命时期，机器的广泛应用使得大量手工劳动者失去了工作，如纺织业中，机器纺纱和织布取代了手工纺纱和织布，许多手工纺织工人面临失业。现代，随着工业机器人、人工智能等先进技术的应用，一些重复性、规律性强的工作岗位，如工厂中的装配工人、流水线上的操作工、客服人员等，逐渐被机器取代。例如，富士康等大型电子制造企业近年来大量引入工业机器人，使得部分生产线上的工人数量大幅减少。

然而，从长期和宏观的角度来看，生产工具和生产模式的变革也创造了大量新的就业机会。新的生产工具和生产模式的出现，往往会催生新的产业和行业，从而带动相关领域的就业增长。工业革命时期，机器制造业、交通运输业、能源产业等新兴产业的兴起，为人们提供了大量新的工作岗位。在现代，随着信息技术的发展，互联网行业、软件开发行业、电子商务行业等新兴产业蓬勃发展，创造了无数就业机会，如程序员、网络工程师、电商运营人员等成为热门职业。同时，生产工具和生产模式的变革也促使劳动力市场对劳动者的技能要求发生变化，推动了劳动者素质的提升和职业结构的优化。为适应新的生产环境和技术要求，劳动者需要不断学习和掌握新的知识和技能，从而促进职业教育和培训的发展，培养出更多高素质、高技能的人才。例如，随着智能制造的发展，对掌握工业机器人编程与维护、数字化设计与制造等技能的人才需求日益旺盛，相关职业教育和培训也应运而生，为劳动者提供了新的职业发展路径。

2.3.3 经济增长方式的转变

生产工具和生产模式的变革是推动经济增长方式转变的核心动力，它们如同催化剂一般，加速了经济增长从粗放型向集约型的转变进程。在传统的经济增长模式中，经济增长主要依靠大量的劳动力、资本和自然资源等要素的投入来实现，这种增长方式往往伴随着资源的大量消耗、环境的破坏以及生产效率的低下。然而，随着生产工具和生产模式的不断变革，技术进步和创新逐渐成为推动经济增长的主要力量，经济增长方式逐步向集约型转变。

工业革命时期，机器生产的应用使得生产效率大幅提高，单位时间内生产的产品数量大幅增加，同时产品质量也得到了提升。企业通过采用先进的生产技术和设备，实现了规模化生产，降低了生产成本，提高了经济效益。例如，福特汽车公司通过采用流水线生产模式，实现了汽车的大规模生产，使得汽车价格大幅降低，从而扩大了市场需求，推动了汽车产业以及相关产业的快速发展，促进了经济的增长。在现代，信息技术、生物技术、新能源技术等高新技术的发展，进一步推动了经济增长方式的转变。高新技术产业以其高附加值、低能耗、低污染的特点，成为经济增长的新动力。例如，互联网企业通过创新商业模式和技术应用，创造了巨大的经济价值，同时对资源的消耗相对较少。新能源产业的发展不仅减少了对传统化石能源的依赖，降低了环境污染，还为经济增长开辟了新的领域。此外，生产工具和生产模式的变革还促进了生产要素的优化配置和生产组织方式的创新，提高了全要素生产率，进一步推动了经济增长方式的转变。企业通过引入先进的生产管理系统和信息技术，实现了生产过程的精细化管理和资源的高效利用，从而提高了生产效率和经济效益。

第四章　认知突破与技术变现模式

人类认知能力的进化史，本质上是工具与技术共同塑造的文明史，科技的每一次跃迁都在重塑人类认知的边界和底层逻辑。

第一节　科技创新与认知突破

每一次认知跃迁都在重写经济行为的底层代码。站在认知革命与经济转型的交汇点，人类正在经历一场比工业革命更深刻的范式转换。

1.1 感官革命带来的认知突破

人类的感官系统如同天然的认知滤镜，将复杂的物理世界压缩成可感知的信息。但科技正在打破这种生物限制，创造出超越五感的认知维度。

在微观领域，冷冻电镜技术将生物分子的三维结构分辨率提升至0.4 纳米，让科学家首次“看到”了新冠病毒刺突蛋白的原子级细节。这种突破不仅革新了医学研究，更让人类对生命本质的认知从抽象概念转向具象实体；在宏观领域，中国“天眼”FAST 射电望远镜能接收137 亿光年外的电磁信号，其灵敏度是美国阿雷西博望远镜的 2.5 倍。当它捕捉到脉冲星的周期性信号时，人类对宇宙时空的认知边界被再次拓展。

1.1.1 感官模拟技术突破生物局限

虚拟现实技术通过多感官沉浸式体验，重构感官体验，创造了超越物理限制的认知空间，创造了超越生物极限的新型感知维度。浙江大学研发的触觉反馈手套，通过微电流刺激皮肤神经，能模拟出丝绸的顺滑或钢铁的冰冷。这种技术不仅用于游戏，更在医疗康复中帮助截肢患者恢复“幻肢”感知，转变了人类对身体与外界关系的认知。Oculus Rift 提供的 360° 全景视觉场，使大脑视觉皮层处理的信息量达到自然状态的 3 倍。触觉反馈手套让用户可以“触摸”虚拟物体，体感背心能模拟中弹的物理冲击，这些技术革新正在重构人类的空间感知模式。

1.1.2 增强现实重构空间认知

增强现实技术将数字信息层叠加在物理世界，微软 HoloLens 创造的混合现实环境，使工作记忆负荷降低 30%。手术导航系统通过实时投影解剖结构，让外科医生的操作精度提升至 0.1 毫米。这种认知增强不仅改变专业领域的技能习得方式，更在重塑普通人的环境交互模式。仿生感官技术实现重大突破，人工耳蜗的频响范围达到 20000Hz，远超自然听觉的 16000Hz 上限。

1.2 记忆革命中的认知突破

神经增强技术应设定生物兼容性标准，数字工具需保留认知主权接口，人工智能系统必须植入价值对齐机制。唯有保持技术进化的清醒认知，才能在工具理性与人文价值之间找到平衡点。未来的认知革命不应是生物脑向数字世界的单向适应，而应构建人机共生的新型认知生态，这是人类保持认知主体性的关键抉择。

1.2.1 量子计算引发的认知范式转换

传统的逻辑思维正在遭遇量子计算的挑战。中国科学技术大学研发的“祖冲之三号”量子计算机，在特定任务上的算力达到超级计算机的千万亿倍。这种并行计算能力不仅加速了药物研发，更在哲学层面引发对因果关系的重新思考——当量子比特处于叠加态时，传统的“非此即彼”逻辑被彻底打破。

1.2.2 记忆系统的革命

首先，人类的记忆系统正经历前所未有的变革。波士顿大学研发的“记忆假体”芯片，通过模拟海马体的神经信号，帮助失忆患者恢复短期记忆。这种技术突破不仅是医学奇迹，更在伦理层面引发争议：当记忆可以被人工植入或修改时，“自我”的定义将何去何从？

其次，云计算和区块链技术正在重构知识存储方式。维基百科的知识库已包含6700万篇条目，其规模超过任何个人的记忆容量。而区块链技术的分布式存储特性，让知识的传播摆脱了中心化控制，形成一种“集体记忆云”。

最后，数字永生技术则将记忆保存推向极致。美国Nectome公司开发的脑机接口，能将大脑神经元连接图谱完整扫描并存储。这种技术若能实现，人类的认知将突破个体寿命的限制，以数字形态实现“意识永生”。

第二节 人工智能引发的认知革命

当我们学会与AI协同思考，机器与人类就能共同开拓更广阔的认知疆域。自AlphaGo击败人类围棋冠军以来，人工智能（AI）技术便以指数级速度重塑人类文明的基础架构。这场变革不仅改变着物质世界的运行方式，更在深层认知维度重构人类的思维范式：认知主体从纯粹生物智能向人机混合智能进化；认知边界从物理时空向数字维度拓展；认知方式从个体经验积累转向群体智能共享。

2.1 认知工具的革命性迭代

以 DeepSeek 和 ChatGPT 为代表的 AI 工具的技术突破和快速发展，构建了全新的认知基础设施，极大地拓展了人类的认知范围、认知深度和认知速度，可以在极短的时间对某事件、事物等有系统而深入的认知。

2.1.1 知识获取方式改变

获取知识方式发生根本转变。传统教育体系中的线性知识积累模式被智能推荐系统解构，个性化学习路径根据个体认知特征实时调整。人们根据不同的需求，使用不同的 AI 工具，可以轻松地获取相关知识、技术和应用方案。所需要掌握和不断精进的是使用 AI 的能力。

2.1.2 思维模式重塑

思维模式正在经历数字化重塑。认知心理学实验显示，频繁使用智能决策辅助系统的人群，其决策路径中类比推理占比下降 27%，数据驱动型思维提升 42%。医疗诊断领域，AI 系统通过比对百万病例形成的诊断模型，正在改变医生的临床思维习惯。这种转变在金融投资、城市规划等领域同样显著，人类思维逐渐从经验直觉主导转向“数据–模型”协同决策。

2.1.3 认知增强技术

认知增强技术突破生物限制。脑机接口技术使人类首次实现直接的数字认知延伸，Neuralink 的脑机植入设备已能让猴子用意念操作电子游戏。增强现实（AR）设备将数字信息层叠加于物理世界，形成混合认知空间。记忆增强方面，美国国防部高级研究计划局（DARPA）的 RAM 项目通过神经刺激技术，成功将特定记忆的提取速度提升 15%。

2.2 认知主体的范式转换

AI 技术推动认知主体从个体向人机共同体演化。生物智能与机器智能的协作产生新型认知实体："医生 +AI 诊断系统"形成超级诊断能力，"法官 + 法律 AI"构成增强型司法决策系统。这种协作不是简单的能力叠加，而是产生"1+1 > 2"的认知涌现效应。斯坦福大学研究发现，放射科医生与 AI 协同工作时，肺结节检出率从 78% 提升至 94%，同时误诊率下降 40%。

2.2.1 群体智能系统重构知识生产机制

维基百科的协同编辑模式在 AI 时代升级为自动知识图谱构建，谷歌的 Transformer 架构通过自注意力机制实现跨文档知识整合。科研领域，AI 辅助的分布式协作平台正在改变传统研究范式，新冠疫情期间，全球科学家通过 AI 平台共享的 3.2 万篇论文，在 45 天内完成病毒基因组解析。这种群体智能使知识创新突破个体认知极限。

2.2.2 认知分工出现革命性调整

重复性认知劳动逐渐被 AI 接管，人类认知资源转向更高层次的创造性活动。法律文书审核、财务数据分析等程式化认知工作自动化率已达 68%，而战略规划、跨学科创新等复杂认知需求增长 320%。这种分工转变迫使人类重新定位认知优势，培养机器难以替代的批判性思维与跨领域洞察力。

2.2.3 认知能力评估体系发生根本变革

传统智商测试的局限性在 AI 时代充分暴露，MIT 开发的认知能力评估 2.0 体系，将动态问题解决、人机协作效率、信息代谢能力纳入评估维度。教育领域，PISA 测试开始加入"数字环境下的复杂问题解决"评估模块，反映新时代认知能力要求的变化。

2.2.4 记忆策略被重塑

搜索引擎引发的认知革命重塑了人类的记忆策略。谷歌效应研究显示，人们更倾向于记住信息位置而非内容本身，这种转变使大脑海马体的空间记忆功能被重新编程。知识获取从线性积累转向网络化检索。

2.3 科技改变生产范式

当前全球科技创新进入空前密集活跃期，以人工智能、大数据、云计算、物联网、区块链等为代表的新一轮科技革命和产业变革正在重塑全球经济结构。科技驱动经济方式转变成为世界各国关注的焦点。我国正处于经济转型升级的关键时期，依靠科技创新发展新质生产力，形成新的生产范式和经济发展方式是国之大计。

2.3.1 科技驱动经济方式转变的内在机制

首先，科技提升生产效率，科技的进步能够为生产过程带来全新的技术和设备，从而显著提高生产效率。

其次，科技创新往往会催生一系列新兴产业，为经济发展注入新的活力。当一项新技术取得重大突破时，它会吸引大量的资金、人才等资源向该领域聚集，从而推动新兴产业的形成和发展。以人工智能产业为例，近年来随着深度学习算法等关键技术的突破，人工智能在图像识别、语音识别、自然语言处理等领域取得了显著成果，这吸引了众多企业纷纷涉足该领域。

再次，科技的发展促进了不同产业之间的深度融合，形成了新的产业形态和商业模式。互联网技术的普及和发展，使得传统产业与互联网深度融合，催生了“互联网 +”模式。通过工业互联网平台，企业可以实现设备的互联互通、数据的实时采集和分析，从而实现生产过程的智能化控制和管理。

最后，科技还促进了不同技术领域之间的融合，产生了跨界创新。生物信息学利用计算机技术和信息技术对生物数据进行存储、管理、分析和解释，为生命科学研究、药物研发等提供了强大的技术支持。这种跨领域的技术融合，为经济发展带来了新的增长点和创新机遇。

2.3.2 我国科技驱动经济方式转变的现状

近年来，我国在科技创新方面取得了举世瞩目的成就。在基础研究领域，以“蛟龙”号载人潜水器、“天眼”500米口径球面射电望远镜、“悟空”暗物质粒子探测卫星、“墨子”号量子科学实验卫星等为代表的重大科研设施相继建成并投入使用，为我国在深海探测、天文学、物理学等领域的研究提供了有力支撑。在前沿技术领域，我国在人工智能、5G通信、量子通信、航天航空等方面取得了重要突破。在航天领域，我国成功实施了“嫦娥”探月工程、“天问一号”火星探测任务等，在载人航天、深空探测等方面取得了一系列重大成果。

战略性新兴产业蓬勃发展。在集成电路、人工智能、新能源汽车，以及量子通信、航天航空、生物制造等领域，我国也取得了突破性进展。战略性新兴产业的快速发展，为我国经济增长注入了新的动能，推动了经济结构的优化升级。

数字经济业已成为我国经济发展的重要引擎。在产业数字化方面，传统产业数字化转型加速推进。制造业通过数字化改造，生产效率和产品质量大幅提升。同时，数字经济的发展还催生了新的商业模式和业态，如共享经济、直播电商、平台经济等。共享经济模式下，共享单车、共享汽车、共享办公等应用为人们的生活和工作带来了便利，同时也提高了资源的利用效率。

2.3.3 科技驱动经济方式转变面临的挑战

第一，科技成果转化效率有待提高。一方面，科研机构和高校的部分科研成果与市场需求脱节，科技成果缺乏市场竞争力；另一方面，科技成果转化的中间环节存在障碍。

第二，关键核心技术面临“卡脖子”困境。这严重制约了我国经济发展方式的转变和产业的升级发展。

第三，科技创新人才短缺。一方面，能够引领科技创新发展的顶尖人才相对匮乏；另一方面，创新型人才培养体系有待完善。

第四，目前，我国科技金融支持体系还不能有效支撑科技驱动经济方式转变所需要大量的资金。从科研项目的前期研发、科技成果的转化到新兴产业的培育发展，每一个环节都离不开金融的支持。

2.3.4 科技驱动经济方式转变的突破路径

首先，完善人才培养与引进机制，壮大科技创新人才队伍。人才是第一资源，为了壮大科技创新人才队伍，需要有效快速落实科教人一体化培养。

其次，加强产学研合作，提高科技成果转化效率。科研机构和高校应树立以市场需求为导向的科研理念，完善科技成果转化服务体系。

最后，加大关键核心技术研发投入，实现自主可控。政府应设立国家关键核心技术研发专项资金，重点支持集成电路、人工智能、生物医药、高端装备制造等领域的关键技术研发。鼓励企业加大研发投入，对在关键核心技术研发中取得重大突破的企业给予奖励，激发企业的创新积极性。建设一批国家级实验室、工程研究中心、产业技术创新联盟等创新平台，整合高校、科研机构和企业的优势资源，开展协同创新。

第三节　认知驱动成果产业化

认知革命催生了新的经济行为模式、新的生产要素，以及新的财富。通过战略、组织、人才与生态四个维度的认知拓展，企业可打破技术与市场的壁垒，实现科技价值向经济价值的高效转化。本节将从理论框架、实践路径、典型案例及未来趋势四个维度，系统探讨认知拓展对科技成果产业化和财富积累的影响机制。

3.1 认知升级驱动科技成果产业化的底层逻辑

3.1.1 资源基础观与动态能力理论的融合

资源基础观（RBV）指出,企业的竞争优势源于异质性资源的整合能力。在科技成果产业化中，这种资源不仅包括技术专利、设备设施，更涵盖管理者对技术潜力的认知、市场需求的判断及合作伙伴的选择。动态能力理论进一步强调，企业需通过持续的认知更新，动态调整资源配置以适应市场变化。例如,上海交通大学通过“完成人实施”模式，将职务科技成果所有权赋权给科研团队，激发其市场敏锐度，成功孵化出钠创新能源等企业，累计吸引社会资本超60亿元。这种机制创新本质上是通过认知重构，打破传统科研与产业的壁垒，实现资源的高效流转。

3.1.2 认知缺口与转化瓶颈的辩证关系

科技成果产业化的核心障碍往往源于认知缺口，即科研人员与企业管理者在技术价值、市场需求、商业模式等方面的认知差异。例如，高校科研成果多停留在实验室阶段，而企业更关注技术的产业化可行性和商业回报。安徽通过职务科技成果单列管理试点,允许科研团队与企业按8∶2的比例分配收益，并提供技术咨询、产权保护等服务，有效缩小了认知差距，推动科技成果从“书架”走向“货架”。这一案例表明，制度设计可通过引导认知对齐来降低转化过程中的交易成本。

3.1.3 财富积累的双轮驱动模型

科技成果产业化的财富效应体现在两个层面：一是直接创造经济价值，如技术转让、产品销售带来的收入；二是通过技术扩散和产业升级，间接推动社会财富增长。华为通过内部创业机制，将非核心业务剥离为独立代理商，既减轻了自身负担，又培育了新的经济增长点。这种模式不仅实现了企业自身的财富增值，还通过产业链协同带动上下游企业发展，形成“技术溢出—产业升级—就业增加”的良性循环。

3.2 企业管理中拓展认知的四大策略

3.2.1 战略认知重构：从技术导向到需求导向

企业需打破“技术至上”的思维定式，将市场需求纳入科技成果产业化的核心考量。特斯拉的成功不仅源于电池技术创新，更在于其管理层对可持续能源市场的前瞻性认知——通过整合电池技术、自动驾驶与能源网络，构建了从生产到消费的完整生态系统。这种战略认知的升级，使特斯拉不仅成为电动汽车领域的领导者，更通过能源存储产品拓展了新的利润空间。

3.2.2 组织认知革新：构建开放协同的创新网络

传统科层制组织易形成认知固化，而扁平化、网络化的组织结构更利于知识流动。Google的“20%时间”政策允许员工将20%的工作时间用于自主创新项目，催生了Gmail、Google Maps等突破性产品。这种机制通过赋予员工探索空间，激发了组织内部的认知多样性，进而提升了科技成果产业化的效率。类似地，上海交通大学建立“一门式”技术转化服务体系，整合科研、财务、法务等部门资源，为科研团队提供全生命周期服务，显著缩短了转化周期。

3.2.3 人才认知培育：打造复合型创新团队

科技成果产业化需要兼具技术能力与商业思维的复合型人才。龙净环保通过导入卓越绩效管理模式，将技术研发与市场需求深度融合，其研发团队不仅关注技术指标，更参与市场调研与客户需求分析，使产品市场占有率稳居行业第一。此外，安徽医科大学探索“先试后买”模式，允许企业对技术成熟度不高的成果进行试用，降低了技术转化风险，同时倒逼科研人员提升技术实用性认知。

3.2.4 生态认知构建：优化政策与金融支持体系

科技成果产业化的成功离不开政策引导与金融支持。党的二十届三中全会提出“深化科技成果产业化机制改革”，通过赋权改革、收益分配等政策创新，激发科研人员积极性。在金融领域，浙江常山通过“先投后股”模式，政府设立专项资金支持科技型中小企业，企业达到预期目标后再将资金转化为股权，既缓解了企业融资压力，又实现了风险共担。这种“政策+金融”的双轮驱动，为科技成果产业化提供了可持续的生态支撑。

3.3 认知拓展的差异化路径与成效

3.3.1 高校主导型：上海交通大学的赋权改革

上海交通大学通过“完成人实施”模式，将职务科技成果所有权或长期使用权赋予科研团队，允许其延期支付转让费，并提供知识产权管理、市场对接等服务。以马紫峰团队的钠离子电池技术转化为例，学校不仅以专利作价入股，还联合外部资本成立公司，最终实现4万吨产能的产业化目标。这种模式通过制度创新打破了传统国有资产管理的束缚，使科研人员从“技术持有者”转变为“市场参与者”，显著提升了转化成功率。

3.3.2 企业主导型：华为的内部创业与生态构建

华为早期通过鼓励员工离职创业，将非核心业务剥离为代理商，既解决了老员工激励问题，又培育了产业链合作伙伴。例如，李一男创立的港湾网络初期作为华为代理商，后发展为数据通信领域的竞争对手，最终被华为收购，实现了技术与市场的双向整合。这种“内部孵化—外部竞争—战略整合”的模式，体现了华为对技术扩散与产业生态的深刻认知。

3.3.3 区域协同型：安徽的职务科技成果单列管理

安徽通过将职务科技成果从国有资产管理体系中剥离，单列管理并允许科研团队持有大部分收益权，解决了“不敢转”“不能转”的问题。例如，中国科学技术大学采用“赋权+转让+约定收益”模式，科研团队获得 100% 成果所有权后，可灵活处置技术并吸引社会资本；合肥中科采象科技的超深水油气勘探装备项目估值近 4 亿元，合同额超 2 亿元。这种区域政策创新通过认知重构，释放了科研人员的创新活力，形成了可复制的转化范式。

3.4 认知拓展与科技成果产业化的深度融合

3.4.1 数字化驱动认知升级

人工智能、大数据等技术正重塑科技成果产业化的认知模式。企业可通过数据分析挖掘市场需求，预测技术趋势，优化资源配置。例如，易事特为广州悦康生物设计的“光伏 + 储能”方案，通过智能算法实现“谷时充电、尖峰放电”，年收益超 110 万元。这种数字化认知不仅提升了能源利用效率，更创造了新的商业模式。

3.4.2 绿色低碳技术转化的认知重构

碳中和目标下，绿色技术转化成为新的财富增长点。郑州等地出台政策，支持光伏、氢能、储能等技术研发与应用，推动能源结构转型。例如，郑州市计划到 2025 年建成 30 家绿色低碳创新平台，培育 500 家高新技术企业，通过认知导向的政策设计，将环境效益转化为经济效益。

3.4.3 全球化与本土化的认知平衡

科技成果产业化需兼顾全球技术趋势与本土市场需求。华为、宁德时代等企业在海外布局研发中心，同时深耕国内市场，实现技术引进与输出的双向流动。这种“全球视野、本土行动”的认知策略，使企业既能把握国际前沿技术，又能快速响应国内政策与市场变化。

3.4.4 伦理与责任认知的强化

随着基因编辑、人工智能等技术的应用，科技成果产业化需纳入伦理考量。例如，生物医药企业在研发过程中需平衡技术创新与患者权益，避免过度商业化带来的社会风险。这种责任认知的提升，不仅关乎企业声誉，更影响技术的可持续发展。

第四节 科技重构生产生活

科技对生产生活的影响从未停留在工具迭代层面，而是持续推动着经济范式的重构与文明形态的跃迁。从微观的生产函数到宏观的增长模型，从个体的时间分配到社会的资源配置，科技正以摩尔定律的速率改写着人类存续的底层代码。本节将从科技驱动的生产方式革命、生活方式重构两个维度，揭示这场正在发生的系统性变革。

4.1 生产方式的颠覆性革命

4.1.1 制造业：从规模经济到“数字孪生”驱动的柔性生产

工业革命构建的规模化生产体系，其核心是通过标准化降低单位成本，福特 T 型车的流水线将这种逻辑推向极致。但物联网、工业互联网与 3D 打印技术的融合,正在催生“批量为 1”的定制化生产革命。青岛海尔的 COSMOPlat 平台通过 12000 + 传感器实时采集 300 + 工序数据，实现 7 万个定制型号的家电混线生产，交货周期从 45 天缩短至 7 天，生产成本下降 30%。这种变革的经济学本质，是将传统制造业的“固定成本分摊”转化为“数据成本摊销”。西门子的数字孪生技术通过虚拟工厂模拟，将新产品研发周期缩短 40%，试错成本降低 60%，本质上是用数据要素替代物理试错，使边际成本趋零化。

生产组织形态的变革更为深刻。特斯拉上海超级工厂的 Giga Press 技术，将汽车后底板 7 个零件一体化压铸成型，工序减少 300+，机器人使用量下降 40%,体现了“去中介化”的垂直整合趋势。而阿里巴巴的犀牛智造平台连接 200 + 面辅料商、300 + 加工厂，通过算法实时调度产能，将服装打样周期从 7 天压缩至 2 小时，展现了“去中心化”的分布式制造网络。这两种模式看似对立，实则共同指向同一趋势：数据作为核心生产要素，正在重构科斯意义上的“企业边界”——当交易成本的降低速度超过组织成本，企业与市场的边界将变得模糊。

4.1.2 农业：从经验种植到数据驱动的精准农业

传统农业的“看天吃饭”正在被物联网、无人机与基因编辑技术改写。美国中西部的大豆农场通过部署 500 + 土壤墒情传感器，结合气象卫星数据，将灌溉效率提升 40%，化肥用量减少 30%。这种变革的经济学本质是对“自然变量”的量化控制——孟山都的 IntelliField 系统将每公顷土地划分为 30 厘米 ×30 厘米的网格，按需施用农药，使抗药性害虫发生率下降 50%，本质上是将农业生产函数中的“随机扰动项”转化为可预测的内生变量。

更具革命性的是生物科技对农业生产要素的重构。CRISPR 技术培育的抗虫玉米，单产提高 15% 的同时减少 70% 的农药投入；袁隆平团队的海水稻在盐碱地实现亩产 300 千克，相当于将 1.5 亿亩边际土地转化为有效耕地。这些技术突破不仅改变了“土地报酬递减规律”，更重新定义了农业的生产可能性边界——当基因编辑可以定制作物的光合作用效率（如提高 C4 植物基因表达），粮食生产的天花板将被不断抬升，马尔萨斯陷阱的历史幽灵正在消散。

4.1.3 服务业：从人力密集到算法驱动的智能服务

服务业的科技重构集中体现在“数字中介”对传统中介的替代。美团的智能调度系统接入 280 万名骑手、390 万条商家数据，通过 100 + 维度的实时计算（包括骑手位置、商家出餐速度、用户画像等），将订单匹配效率提升 70%，配送时长压缩至 28 分钟。这种“算法即中介”的模式，本质上是用算力成本替代人力协调成本——滴滴的动态定价算法使车辆空驶率从 40% 降至 25%，相当于在不增加车辆的前提下增加 30% 的有效供给，符合鲍莫尔“成本病”理论的逆命题。

知识密集型服务业也正在经历更深刻的变革。AlphaFold2 破解 98.5% 的人类蛋白质结构，将药物研发的靶点筛选周期从 5 年缩短至 2 周；IBM 的 Watson 肿瘤系统分析 2500 万份病例、1500 万篇文献，给出的治疗方案的准确率达 92%，超过资深肿瘤专家的 85%。这些技术突破改写了“知识生产函数”——当机器学习能从海量数据中自动提取模式，医生、律师等专业人士的比较优势，正从知识储备转向“复杂情境判断”与“情感价值创造”。

4.2 生活方式的系统性重构

4.2.1 消费模式：从功能消费到“注意力经济”主导的体验消费

互联网经济的崛起重塑了消费的本质属性。淘宝的“直播带货”将购物从“需求满足”转化为“场景体验”，2023 年抖音电商 GMV 突破 2.2 万亿元，背后是“冲动消费”对“理性消费”的部分替代——神经经济学研究显示，直播中的实时互动能使大脑伏隔核的激活度提升 30%，多巴胺分泌量增加 40%，这种生理机制为“注意力定价”提供了科学依据。更深刻的变革发生在价值评估体系：NFT 艺术品的交易本质上是对“数字稀缺性”的认知定价，Beeple 的《每一天：前 5000 天》以 6930 万美元成交，证明人类已接受“非物质形态的使用价值”。

共享经济重新定义了“所有权”的经济意义。Airbnb 在全球激活 2000 万套闲置房源，利用率提升至 65%，相当于在不新增建设的前提下增加 1500 万套有效供给；共享单车通过“云端调度 + GPS 定位”，使每辆单车的日均使用频次从 1.2 次提升至 3.8 次，资产周转率提高 3 倍。这种模式的经济学本质，是将“闲置资源的机会成本”转化为“交易的实时价值”，符合帕累托改进的最优状态。

4.2.2 社交方式：从物理连接到“数字孪生”的关系重构

社交媒体的演进史，本质上是社交边际成本的下降史。微信的“摇一摇”功能将陌生人连接的成本从“物理相遇”的时间成本（平均 30 分钟）降至“指尖滑动”的 0.3 秒，这种技术进步使邓巴数（150 人核心社交圈）的限制被突破——Facebook 用户的平均好友数达 338 人，远超人类大脑的自然处理能力，催生了“弱关系社交”的经济价值（格兰诺维特的“弱关系优势”理论在数字时代获得新内涵）。

元宇宙技术正在构建全新的社交经济学。Roblox 的虚拟世界中，用户创作的 3D 资产年交易额达 40 亿美元，创作者平均年收入 1.2 万美元；Decentraland 的虚拟土地拍卖中，最昂贵地块成交价达 243 万美元，相当于每平方米 12.6 万美元（远超纽约曼哈顿的 3 万美元）。这种现象揭示了社交需求的异化——当虚拟身份的构建成本（数字服装、虚拟房产）成为新的社交资本，人类的“自我认知”正在从“物理存在”向“数字存在”迁移，引发对“身份效用函数”的重新定义。

4.2.3 居住与出行：从空间依赖到“分布式生存”的地理重构

智能家居技术正在解构“居住空间”的传统功能。小米的全屋智能系统通过 200+ 传感器实现“人来灯亮、人走灯灭”的自动场景切换，使家庭能耗降低 35%；特斯拉的 Powerwall 将住宅转化为微型发电站，峰谷电价差场景下的投资回收期缩短至 5 年，体现了“居住空间”从“消费单元”向“生产单元”的转化。这种变革的经济学意义，在于打破“居住–工作”的空间二分法——SOHO（small office home office）模式的普及，使美国 15% 的劳动力实现永久远程办公，办公房地产的需求减少，租金也下降了。

出行领域的变革更为剧烈。Waymo 的自动驾驶系统将交通事故率降低 90%，相当于每年避免 120 万起伤亡事故；Uber 的拼车算法使车辆座位利用率从 35% 提升至 68%，相当于在不增加车辆的前提下减少

40% 的道路拥堵。这些技术突破不仅改变了“出行成本函数”，更重塑了城市的空间经济学——新加坡的“无车城市”计划通过共享自动驾驶车队，将停车位需求减少 70%，释放的土地价值相当于 GDP 的 5%，证明交通技术进步正在重构城市的要素配置效率。

4.2.4 健康与教育：从被动医疗到“数据孪生”的主动管理

可穿戴设备正在将健康管理从“疾病治疗”转向“风险预防”。Apple Watch 的 ECG 功能能提前 3 天预警心房颤动，使脑卒中风险降低 40%；Fitbit 的睡眠监测系统通过分析 150+ 生理指标，为用户提供个性化的睡眠改善方案，使深度睡眠时长增加 25%。这种变革的经济学本质，是将“医疗支出”转化为“健康投资”——美国的企业健康计划显示，每 1 美元的预防性健康投入，可减少 3.2 美元的医疗成本，符合“治未病”的成本收益比最优原则。

在线教育重构了知识传播的生产函数。Coursera 的 MOOC 课程将哈佛、MIT 等顶尖高校的课程边际成本降至趋近于零，使全球 5000 万学习者以传统学费的 1/20 获取同等教育资源；AI 驱动的自适应学习系统（如 Knewton）能根据学生的 2000+ 学习行为数据，实时调整学习路径，使知识掌握效率提升 40%。这种变革打破了“教育资源的空间垄断”，但也带来新的分配问题——PISA 测试显示，拥有高速网络和智能设备的学生，数学成绩比贫困学生高出 120 分，数字鸿沟正在转化为新的认知鸿沟。

当脑机接口开始读取消费偏好，当 GPT-5 重构商业计划书写作，当元宇宙资产登上资产负债表，人类正站在认知资本主义的入口。这个新时代的财富密码，不仅写在区块链上，更镌刻在数十亿大脑的神经回路中。

认知科学对经济学的这场“反向殖民”，终将重塑人类对财富本质的理解——它不仅是物质积累，更是认知能量的制度化结晶。

技术变现的本质是一场“价值套利”——在技术前沿与市场需求的裂缝中寻找转化支点。成功的变现模式从来不是静态的选择，而是动态的能力构建:技术洞察力，即提前3~5年预判技术商业化拐点（如英伟达2012年布局AI算力，早于市场需求5年）；模式创新力，即突破“技术—产品”线性思维,构建“技术—平台—生态”的立体变现体系；生态整合力，指通过技术标准（如USB-C接口）或开源社区（如Python）锁定产业生态;风险管控力，指建立技术储备池（如研发预算的20%用于颠覆性技术预研）。

那些既能坚守技术深度又能洞察商业本质的创新者，终将在技术价值与商业价值的共振中，书写属于这个时代的财富增长奇迹。而对于更多技术创业者而言，理解变现模式的底层逻辑，恰是打开技术商业化大门的第一把钥匙。

第五节　从技术价值到商业价值的转化路径

当OpenAI以ChatGPT掀起生成式AI浪潮，当英伟达凭借GPU在AI算力领域筑起壁垒，技术变现能力已成为衡量科技创新价值的核心指标。技术变现绝非简单的“技术—产品”线性转化，而是涉及技术特性、市场需求、商业模式创新的复杂系统工程。我们从技术商业化的底层逻辑出发，解构十大核心变现模式，揭示技术价值转化的关键机制与创新路径。

5.1 技术变现的底层逻辑：从价值创造到价值捕获

技术变现的本质是对技术创新的“租金捕获”，其核心在于解决三个基本问题:

价值定位，技术解决了什么市场痛点？（如CRISPR解决基因编辑

精度问题）

交易载体，以何种形态实现价值交换？（如产品、服务、数据、权益等）

收益结构，如何设计可持续的盈利模型？（如一次性收入、分成模式、生态溢价等）

科斯定理在技术领域的延伸表明：当技术的交易成本低于内部化成本时，市场化变现更有效率（如高通通过专利授权而非自建工厂）。

5.2 十大核心变现模式解析

5.2.1 产品化直接销售：技术的实体化载体

该模式的本质是将技术嵌入硬件/软件产品或者服务，通过市场化定价实现一次性价值转化。

例如，特斯拉将电池管理技术转化为电动汽车产品，2023 年汽车销售营收占比 82%；Adobe 将 AI 图像识别技术集成到 Photoshop CC，单品售价达 549 美元等。

该模式的核心优势是建立技术壁垒（如苹果 M1 芯片的垂直整合），掌控用户体验。但也有挑战，即需承担产品化成本（研发投入占比通常＞25%），面临竞品替代风险（如安卓对 iOS 的冲击）。

该模式的创新方向可以是硬件订阅制（如戴森的吸尘器租赁服务，用户续费率达 65%）。

5.2.2 技术授权许可：知识产权的市场化交易

该模式的本质是通过专利/版权/技术标准等的授权使用，收取固定费用或利润分成。

例如，高通的 3G/4G 专利授权模式，按终端售价的 5% 收取许可费，2023 年专利收入达 97 亿美元；迪士尼将漫威 IP 授权给游戏厂商，分成比例最高达 30%。

该模式的核心优势是轻资产运营，边际成本趋零（第 1000 次授权成本≈0）。但需构建专利池（如华为 5G 专利超 4.5 万件），应对专利诉讼（如苹果 vs. 三星的十年专利战）。

该模式的创新方向可以是区块链智能合约授权（如 NFT 艺术品的自动版税分成）。

5.2.3 解决方案定制：技术的场景化集成

该模式的本质是针对特定行业需求，提供技术驱动的一体化解决方案，比如技术开发和技术咨询模式。

例如，西门子工业互联网平台 MindSphere，为中小企业提供设备数字化改造方案，客单价超 200 万元；商汤科技为智慧城市提供 AI 视觉解决方案，2023 年智慧城市业务营收占比 45%。

该模式的核心优势是深度绑定行业场景（如医疗 AI 解决方案毛利率达 78%）。但同时需行业 Know-How（通用技术转化率仅 30%），而且项目交付周期长（平均 6~12 个月）。

该模式的创新方向是模块化解决方案，如 Salesforce 的 AppExchange，允许第三方快速集成。

5.2.4 订阅制服务：技术的持续价值释放

该模式的本质是通过周期性付费，实现技术价值的持续变现。

例如，SaaS 模式下，Adobe Creative Cloud 订阅用户超 2000 万，ARPU 达 540 美元 / 年；Peloton 健身车月费 39 美元，用户留存率 72%。

该模式的核心优势是增强用户黏性（NPS 需＞ 30）、形成可预测现金流（SaaS 企业 ARR 增速平均 25%）。但需持续技术迭代（如 Netflix 每年投入 150 亿美元内容研发），同时需要应对用户流失（Churn Rate 需＜ 5%）。

该模式的创新方向例如 AI 驱动的动态定价（如 Canva 根据用户设

计复杂度调整订阅费)。

5.2.5 数据变现：技术的衍生价值挖掘

该模式的本质是通过数据采集、分析、交易实现技术价值外溢，变一般产品为数据产品。

例如，谷歌通过用户搜索数据优化广告推荐，2023年广告营收达2244亿美元（占比81%）；Palantir为政府提供数据中台服务，单个项目数据服务费超1亿美元。

该模式的核心优势是数据复用成本低（边际成本＜0.1美元/GB），可形成数据网络效应。但需注意合规处理（GDPR罚款最高达企业营收4%），并解决数据所有权争议（数据确权）和数据交易平台与交易方式等问题。

该模式的创新方向是联邦学习技术，在不共享原始数据前提下实现价值交换，如医疗数据合作。

5.2.6 衍生技术开发：技术的模块化拆分

该模式的本质是将核心技术拆解为子模块，开发互补性衍生技术。

例如，英伟达从GPU图形技术衍生出CUDA并行计算框架，带动AI算力生态繁荣；大疆将无人机飞控技术转化为农业植保机导航系统，2023年农业无人机市占率达70%。

该模式的核心优势是可以降低技术研发边际成本（衍生技术研发成本仅为原创的20%~30%）。但需避免技术稀释（核心专利布局需覆盖衍生领域）。

该模式的创新方向是技术开源社区（如Linux开源带动超500亿美元商业生态）。

5.2.7 平台生态构建：技术的网络效应放大

该模式的本质是通过技术搭建平台，整合多边用户形成生态价值。

例如，苹果iOS平台聚集2400万开发者，2023年App Store分成收入达 720 亿美元；美团本地生活平台连接 8.8 亿用户与 390 万商家，佣金率达 12%~20%。

该模式的核心优势是边际收益递增（平台每新增 1% 用户，收入提升 1.5%）。但需解决“鸡生蛋”问题，因为初期补贴成本通常占营收 30% 以上。该模式的创新方向，例如 Web3.0 去中心化平台（如 Uniswap 通过智能合约实现无中介交易，手续费收入年增 150%）。

5.2.8 政府 / 机构采购：技术的公共价值转化

该模式的本质是通过承接政府项目、科研采购实现技术落地。

例如，华为承接全球 170 + 国家的 5G 基站建设，政府订单占比达 35%；Moderna 通过美国 BARDA 计划获得 15 亿美元新冠疫苗研发资助。

该模式的核心优势是订单稳定（政府项目周期通常为 3~5 年），技术公信力也可以得到提升。但需通过严格的资质审查（如 ISO 27001 信息安全管理体系认证），同时面临政策变动风险。

该模式的创新方向是科研众包模式，如 DARPA 的“挑战赛”机制，降低技术采购成本。

5.2.9 公益 / 社会价值变现：技术的非商业价值转化

该模式的本质是通过解决社会问题获取间接收益，如声誉、政策支持等生态圈的建设成果。

例如，微软 AI for Accessibility 计划，通过残障人士辅助技术提升品牌 ESG 评分；阿里巴巴“亩产一千美金”计划，通过农业技术扶贫获得政府补贴与税收优惠等。

该模式的核心优势是可以提升企业社会资本（CSC 认证企业市值溢价达 15%）价值、改善优化企业生态环境。但需平衡商业与公益，社会项目 ROI 通常需＞1∶3。

该模式的创新方向是影响力投资，如 Impact Alpha 基金要求技术项目同时满足财务回报与社会 impact。

5.2.10 技术金融化：技术的资本价值套现

该模式的本质是通过技术股权、期权、知识产权证券化实现技术的变现增值。

例如，OpenAI 通过多轮融资估值达 860 亿美元，技术期权池占比 20%。知识产权证券化：中国试点将专利未来收益打包发行 ABS，融资成本降低 40%。

该模式的核心优势是能够快速实现技术资本化和变现（初创企业技术估值平均每年增长 30%）。但需解决技术估值难题（NPV 法对早期技术估值误差达 ±50%），以及明晰变现路径与模式。

该模式的创新方向是技术 NFT 化，如将专利所有权拆分为数字代币进行交易。

5.3 变现模式的选择逻辑与创新策略

5.3.1 技术特性决定基础模式

技术类型包括基础研究、应用研究、技术创新、前沿技术、产业技术、硬件技术、软件技术、平台技术、数据技术。核心载体有实体产品、授权 / 订阅、生态系统和数据服务。通常可以通过以下典型模式来实现，例如产品销售、订阅制、平台分成，以及数据交易。

在技术经济领域，边际成本的动态演化呈现出多路径特征：对于半导体制造、生物医药等实体技术产业，初始边际成本往往高达数亿美元量级（如 7 纳米芯片单次流片成本），但随着生产规模突破百万级阈值，莱特定律主导的成本曲线开始生效——产量每翻倍将触发 15% 的成本衰减。相比之下，数字内容与云计算服务则展现出天然的零成本趋近性，以 AWS Lambda 函数执行为例，1GB/S 的计算成本已降至 0.00001667 美元量级，其底层逻辑遵循香农信息论的比特流无损复制模型，当用户规模趋向无穷大时，边际成本函数将渐进逼近理论零点。

5.3.2 市场需求驱动模式创新

第一种是长尾需求催生微付费模式，如微信小程序按次计费，单次成本 0.1~1 元。

第二种是实时需求推动 API 经济，如 Twilio 短信接口按调用次数收费，2023 年营收增速 42%。

第三种是个性化需求孕育 AI 定制化，如 Insilico Medicine 用 AI 为药企定制新药研发方案，单价超 500 万美元。

5.3.3 商业模式创新的三大趋势

首先，是从“卖技术”到“卖价值”。例如，通用电气从“卖发动机”转向“卖飞行小时服务”，利润率从 18% 提升至 28%。

其次，是从“单环节”到“全链条”。例如，亚马逊 AWS 构建“算力—存储—数据分析”全栈服务，客户留存率达 93%。

最后，是从“零和博弈”到“共生生态”。例如，Linux 开源社区通过贡献者分成模式，实现商业公司与开发者的共赢。

5.3.4 风险控制与伦理考量

第一，要考虑专利布局，建立技术护城河。建议核心专利占比＞30%，外围专利覆盖应用场景。

第二，要进行合规管理，数据变现需通过 ISO 27701 隐私认证，技术授权需避免反垄断调查（如欧盟对高通的 12.3 亿美元罚款）。

第三，要考虑技术伦理，AI 算法需通过公平性审计（如招聘 AI 的性别歧视发生率需＜ 0.5%）。

5.4 未来变现模式的前沿探索

5.4.1 Web3.0 时代的价值捕获

代币经济：Filecoin 通过存储贡献证明（PoSt），用户贡献存储空间可获得 FIL 代币，2023 年存储市值达 120 亿美元。

DAO 组织：Gitcoin 通过去中心化自治模式，开发者用技术贡献换取治理代币，项目融资效率提升 50%。

5.4.2 物理世界的数字化映射

数字孪生变现：西门子为上海中心大厦构建数字孪生模型，提供实时能耗优化服务，年节省电费超 800 万元。

元宇宙资产：Decentraland 虚拟土地交易形成完整产业链，建筑师可通过设计虚拟房产获得版税收入（平均每项目抽成 5%）。

5.4.3 生物科技的价值转化创新

基因授权模式：23andMe 向药企出售匿名化基因数据，单份数据售价达 200~500 美元。

细胞治疗分成：诺华 CAR-T 疗法 Kymriah 采用“疗效付费”，患者完全缓解后才支付 47.5 万美元费用，缓解率达 82%。

第五章　科技创新与产业创新融合

习近平总书记多次强调，“科技创新和产业创新是发展新质生产力的基本路径”“扎实推动科技创新和产业创新深度融合，助力发展新质生产力”。党的二十届三中全会明确提出，“加强创新资源统筹和力量组织、推动科技创新和产业创新融合发展”。

科技创新与产业创新深度融合是我国应对全球竞争、培育新质生产力的必由之路。当前，我国已形成“政策引导—企业主导—产学研协同”的创新体系，未来，应聚焦人工智能、量子科技、绿色能源等前沿领域，以场景应用为牵引，以开放合作为支撑，构建“技术—产业—市场”良性循环，为中国式现代化提供强劲动力。

第一节　科技创新与产业创新融合发展概述

科技与产业融合的历史演变揭示了一个重要规律：融合程度越深，创新效率越高，产业竞争力越强；每一次重大技术革命都伴随着科技与产业融合模式的创新，催生新产业、新业态、新模式，推动经济社会发展范式转变。当前，以数字技术为代表的新一轮科技革命正在重构科技创新与产业发展的关系，科技与产业融合正在向更广范围、更深层次、更高水平发展，成为推动高质量发展的核心动力。

1.1 科技与产业融合的内涵与意义

科技与产业融合是指科学技术与产业发展相互渗透、相互促进的动态过程，是科技创新成果向现实生产力转化的重要途径。这一概念超越了传统的“科技支撑产业”单向关系，强调科技与产业之间的双向互动、深度结合与共同演进。在融合过程中，科技发展为产业提供创新驱动力，产业需求则指引科技研发方向，二者形成良性循环，共同推动经济社会发展。

1.1.1 科技与产业融合的内涵与特征

从内涵上看，科技与产业融合体现为三个层次。第一层次是技术融合，即不同技术领域之间的交叉渗透与创新整合，如信息技术与生物技术的融合产生了生物信息学，人工智能与医学影像的结合催生了智能诊断系统。第二层次是产业融合，传统产业借助新兴技术实现转型升级，或新技术催生全新产业形态，如工业互联网推动制造业数字化转型，大数据技术催生了数据服务产业。第三层次是创新系统融合，科技创新与产业创新的主体、资源、机制深度融合，形成协同创新生态，如产学研用一体化创新网络的构建。

科技与产业融合呈现出四个基本特征。互动性是指科技发展与产业变革相互促进、相互塑造的关系，科技创新为产业发展提供动力，产业需求又牵引科技创新方向；协同性体现在多元创新主体间的协作网络，大学、科研机构、企业和政府等共同参与融合过程；渐进性表明融合是一个持续演化的过程，需要经历从初步结合到深度融合的多个阶段；系统性则强调融合过程涉及技术、制度、组织、文化等多维度因素的综合变革。

1.1.2 科技与产业融合的意义

科技与产业融合对经济社会发展具有重大意义。首先，融合是推动经济高质量发展的核心引擎。世界银行研究表明，技术进步对经济增长的贡献率在发达国家已超过70%,科技与产业的深度融合能有效提升全要素生产率，推动经济发展质量变革、效率变革、动力变革。其次，科技创新与产业创新融合是促进产业结构优化升级的关键路径。德国工业4.0、中国制造2025等战略都以数字技术与先进制造深度融合作为核心内容，推动制造业向数字化、网络化、智能化方向发展。再次，融合为企业构建核心竞争力提供了重要途径。企业通过吸收转化先进技术，开发创新产品，优化生产流程，提升运营效率，从而增强市场竞争力。华为公司长期保持研发投入占销售收入的15%以上，通过持续技术创新与产业应用融合，成功从设备供应商转型为ICT解决方案提供商，实现了从跟随到引领的跨越。最后，融合为科技创新提供了广阔应用场景和持续动力。产业需求引导科研方向，市场反馈促进技术迭代，科技成果通过产业化实现价值创造。中国高铁技术的发展就是在实际应用中不断完善的典型案例，从引进消化到自主创新，形成了完整的技术体系和产业链。

1.2 当前科技与产业融合的主要趋势

当前，科技与产业融合正呈现出多元化、生态化、网络化、跨界化、全球化的发展趋势。未来，科技与产业融合将成为经济高质量发展的核心引擎和国家竞争力的重要源泉。

1.2.1 数字技术驱动全域融合

人工智能、大数据、区块链、5G等新一代信息技术不再局限于特定领域，而是渗透到各行各业，推动传统产业数字化转型和智能化升级。制造业领域，数字孪生、柔性制造、预测性维护等技术应用正引领智能制造新范式；农业领域，精准农业、智慧农场、智能灌溉系统正改变传统农业生产方式；服务业领域，数字平台、在线医疗、智慧物流等新模式蓬勃发展。数字技术的普惠性、渗透性和融合性，使科技与产业融合进入全域覆盖的新阶段。

1.2.2 创新范式从线性向网络化、生态化融合转变

创新不再是封闭的单向流动过程，而是多主体、多要素交互作用的网络化创新。基础研究、应用研究、技术开发、产业化应用的边界日益模糊，各环节相互渗透、并行推进。特斯拉公司在电动汽车研发中，基础技术研究与产品开发同步进行，用户反馈直接影响研发方向，形成了“研发—生产—市场”的闭环互动。

1.2.3 创新生态系统向系统化、生态化融合跃升

这些生态系统通常包括大学、科研机构、大企业、创业企业、投资机构、中介服务机构等多元主体，通过正式与非正式机制相互联系，形成创新网络。硅谷、深圳、以色列特拉维夫等创新高地的成功，正是依靠完善的创新生态系统。中国的“双创”政策推动形成了众创空间、科技企业孵化器、大学科技园、高新区等多层次创新载体，构建了从创意孵化到产业化的全链条支持体系。微软、阿里巴巴等科技巨头也从单一企业向平台型组织转变，通过构建开发者社区、合作伙伴网络、产业联盟等方式，形成以企业为核心的创新生态。

1.2.4 融合主体关系的重构

企业创新主体地位进一步强化,同时也更加开放包容。大型企业不再局限于内部研发，而是积极拓展外部创新网络，通过开放创新平台、企业风投、并购等方式获取创新资源。华为创立的“火种计划”投资全球前沿技术，建立了开放的技术生态圈。高校和科研机构从单纯的知识生产者向创新创业促进者转变，积极参与产业创新。斯坦福大学不仅通过传统技术转移方式支持产业发展，还通过创业课程、孵化器、校友网络等方式促进创新创业。政府角色从直接干预向环境营造和服务支持转变，通过完善制度环境、构建创新平台、优化资源配置，为科技与产业融合创造良好生态。

1.2.5 融合的跨界性与颠覆性增强

技术的跨界融合催生了大量新兴交叉领域，如生物计算、量子通信、类脑计算等;产业边界不断重构，传统产业分类被打破，新业态不断涌现。汽车产业与信息技术融合催生了智能网联汽车,制造业与服务业融合形成了服务型制造，金融与科技融合孕育了金融科技；新技术对传统产业的颠覆性也在增强，如区块链技术重塑金融交易模式，3D打印技术改变制造业生产方式，基因编辑技术变革医药研发模式。这种跨界融合和颠覆性创新正在重塑产业版图，创造巨大经济社会价值。

1.2.6 融合的全球化与本地化并行发展

一方面，创新资源全球流动加速，跨国技术合作日益紧密，全球创新网络与全球价值链深度交织。企业研发布局全球化,国际科研合作项目增多，科技人才流动频繁。另一方面，区域创新生态的重要性凸显，本地化创新网络成为科技与产业融合的重要载体。全球领先的创新区域如美国波士顿、中国深圳、德国慕尼黑等，都形成了独特的区域创新生态,充分发挥本地资源优势与产业特色。中国通过国家自主创新示范区、国家高新区等创新载体，形成了一批各具特色的区域创新高地。全球化与本地化的辩证融合，使科技与产业能够同时获取全球创新资源和本地应用场景，实现优势互补。

1.2.7 商业模式创新与技术创新协同推进

优秀的商业模式能够放大技术创新的经济价值，而技术创新也能催生全新商业模式。共享经济、平台经济、订阅经济等新型商业模式的兴起，都是技术创新与商业模式创新协同的产物。滴滴出行通过移动互联网技术与共享经济模式相结合,重构了出行服务市场;Netflix通过大数据技术与订阅模式结合，变革了内容产业。未来，随着技术向更多场景渗透，基于场景的商业模式创新将成为科技与产业融合的重要方向。

1.2.8 融合评价体系的多元化发展

传统以专利数量、科技成果产业化率等指标为主的评价方式，正向更加综合的评价体系转变。创新生态指数、产业数字化指数、科技成果产业影响力等新型指标被引入评价体系，更加全面地反映融合成效。麻省理工学院开发的“创新能力指数”、世界知识产权组织的“全球创新指数”等评价工具，都注重融合视角下的创新评价。中国也在探索建立科技创新与产业发展融合度评价指标体系，引导融合向更高质量发展。

第二节　融合路径与模式

数字经济时代科技与产业融合的核心在于数据驱动和平台赋能，关键在于构建开放共享的创新生态，目标在于创造更高效率、更好体验和更大价值。未来，随着 5G、人工智能、区块链等新技术的深入应用，数字经济与实体经济融合将进一步深化，催生更多创新模式和业态，重塑产业发展格局。

2.1 科技成果产业化的多元路径

科技成果产业化是连接科技创新与产业发展的关键环节，其路径选择直接影响着转化效率和产业创新能力的提升。随着创新环境的日益复杂和技术发展的加速迭代，科技成果产业化已不再局限于单一模式，而是呈现出多元化、差异化的路径选择。企业和产业可根据自身发展阶段、创新能力和外部环境，选择合适的转化路径，或整合多种路径优势，构建科技成果产业化的系统解决方案。

2.1.1 技术引进路径的演进与深化

技术引进是后发国家和企业快速获取先进技术、缩小技术差距的重要途径。技术引进的形式经历了从简单设备引进到技术许可、技术转让，再到合资合作、并购重组等方式的多元演进。传统的“引进—消化—吸收—再创新”路径在多个国家和地区取得了显著成效。日本和韩国在 20 世纪后半叶通过系统化的技术引进战略，实现了从技术跟随到局部超越的跨越发展。日本索尼公司最初从美国获取晶体管技术授权，通过消化吸收逐步养成自主研发能力，最终成为消费电子领域的引领者；韩国三星通过从日本引进 DRAM 技术，结合自身持续投入，成功跃升为全球半导体产业的领军企业。

中国高铁技术的发展是技术引进路径的典型案例。通过“引进—消化—吸收—再创新”策略，中国从德国、法国、日本等引进高速铁路技术，组织中国中车、西南交通大学等企业和科研机构联合攻关，实现了核心技术的国产化和自主创新。如今中国高铁不仅满足了国内建设需求，还走向国际市场，成为“中国名片”。这一案例表明，技术引进不是简单的复制模仿，而是创造性转化的过程，需要建立系统的吸收能力和配套创新体系。

2.1.2 自主创新路径的强化与突破

自主创新是提升核心竞争力和创新主导权的根本途径。企业通过内部研发体系建设、创新人才培养和研发投入持续增长，积累原始创新能力，形成自主知识产权和技术标准。自主创新路径呈现出多元化特征。原始创新、集成创新和引进消化吸收再创新并存发展，构成了完整的自主创新体系。原始创新强调突破性、颠覆性技术的自主研发，如中国科学院在量子通信领域的基础理论突破和工程化应用；集成创新注重已有技术的系统整合与优化配置，如比亚迪通过动力电池、电机、电控系统的集成创新，发展了完整的新能源汽车技术体系；引进消化吸收再创新则在引进基础上实现超越，如中兴通讯在引进国外电信设备技术基础上，逐步建立自主研发能力，发展为全球通信设备供应商。

自主创新的组织形态也在不断优化。企业研发中心、企业技术中心、企业重点实验室等创新载体日益完善，形成了多层次、网络化的研发组织体系。同时，创新管理方法不断革新，提升了自主创新的效率和质量。如小米公司采用的“铁人三项”模式，将产品经理、设计师和工程师组成紧密团队，大大缩短了产品从概念到上市的周期。

2.1.3 联合开发路径的拓展与深化

联合开发是整合多方创新资源、分担创新风险的高效路径。产学研合作是典型的联合开发形式，通过高校、科研院所与企业的优势互补，促进科技成果产业化和产业技术升级。中国科学院上海微系统所与上海微技术工业研究院联合攻关，成功开发了具有自主知识产权的 MEMS 传感器技术，并实现了产业化应用。清华大学与京东方合作建立的“显示技术联合研究中心”，持续突破显示技术前沿，支撑了中国显示产业的快速发展。

产业链上下游企业间的联合开发是推动行业技术进步的重要方式。如新一代信息技术领域，芯片设计企业、制造企业、终端设备厂商、应用开发商形成创新联盟，共同推进技术攻关和产业升级。长三角 G60 科创走廊集成电路产业联盟就汇集了产业链各环节企业，通过协同创新加速了集成电路产业的发展。

国际联合开发在应对全球性挑战中作用日益凸显。如应对气候变化的清洁能源技术研发、抗击疫情的疫苗药物开发等领域，跨国企业、研究机构和国际组织通过联合研发、共享知识和资源，加速科技成果产业化和应用推广。中欧清洁能源技术合作中心促进了双方在可再生能源领域的技术交流与联合创新，推动了清洁能源技术的产业化应用。

2.1.4 新兴转化路径的崛起与创新

随着创新环境的变化，一系列新兴转化路径正在崛起。众创众包模式通过互联网平台整合全球创新资源，解决特定技术难题。如

InnoCentive平台会集了全球20多万名科学家和工程师，为企业提供解决方案，海尔开放创新平台HOPE集聚全球创新者参与产品开发，形成了“人人创新、处处创新”的开放式创新体系。

技术创业与孵化加速是科技成果产业化的重要途径。科研人员通过创办企业将技术转化为产品，科技企业孵化器和加速器提供全方位支持服务。中关村创业大街聚集了数百家创新创业服务机构，形成了从创意到产品、从种子到IPO的全链条创业生态，助力科技成果快速产业化。以色列的孵化器计划（technological incubators program）支持科研人员创业，成功孵化了一批高科技企业，推动了科技成果的市场化。

开源创新模式正在重塑科技成果产业化格局。开源软件、开源硬件、开源设计等领域，通过开放知识共享和社区协作，加速了技术扩散和应用创新。如Linux操作系统、Arduino开源硬件平台等，通过开源社区不断演进创新，并催生了众多商业应用。华为鸿蒙操作系统采取开源策略，构建开发者生态，推动了技术的快速迭代和应用拓展。

2.1.5 多元路径的选择与协同

科技成果产业化路径的选择受多种因素影响，包括技术特性、企业能力、产业环境和政策导向等。一般而言，对于通用性强、扩散速度快的技术，如信息技术，联合开发和开放创新往往更有效；对于专用性强、壁垒高的技术，如高端装备制造领域，自主创新和并购重组可能更适合；对于技术差距较大的领域，技术引进与再创新结合可能是现实选择。企业应根据自身发展阶段和创新资源禀赋，选择适合的转化路径或多路径组合。

多元路径协同需要建立相应的组织管理机制。企业应建立统一的创新战略规划和技术路线图，明确不同技术领域的路径选择；构建开放的创新网络，整合内外部创新资源；完善知识管理体系，促进不同路径间的知识流动与共享；建立动态评估机制，根据环境变化及时调整路径组合。政府则应通过政策引导、平台建设和服务支持，为多元路径协同创造良好环境。

科技成果产业化的多元路径反映了创新复杂性与多样性的增强。随着全球创新网络的深化发展和创新要素流动加速，科技成果产业化路径将更加多元化、个性化和协同化，企业和产业需要构建动态适应、持续优化的路径体系，推动科技与产业深度融合，实现创新驱动发展。未来，随着创新环境的持续变革和技术演进的加速，科技成果产业化路径将进一步拓展与重构，形成更加开放、高效的科技成果产业化生态系统。

2.2 跨界融合的产业模式

跨界融合是当前科技与产业融合的重要特征，它突破了传统产业边界，通过不同技术、产业、业态的交叉渗透与重组创新，催生新的产业形态和商业模式。跨界融合不仅改变了产业的技术基础和组织方式，还重构了产业价值链和竞争格局，成为推动产业升级和经济高质量发展的重要引擎。

2.2.1 “互联网 +”：数字赋能传统产业的融合模式

“互联网 +”是指以互联网平台为基础，利用信息通信技术与传统产业深度融合，重构产业链、供应链和价值链的创新发展模式。这一模式的核心在于通过互联网的连接性、开放性和平台化特性，实现传统产业的数字化、网络化、智能化转型。

“互联网 + 零售”形成了电子商务新业态，从早期的网上商城到全渠道融合的新零售模式。阿里巴巴提出的“新零售”概念，通过线上线下融合、大数据驱动、物流整合，重构了消费体验和供应链体系。盒马鲜生、永辉超级物种等新业态将商超、餐饮、配送有机结合，营造了“线上下单、线下体验、30 分钟送达”的全新购物模式。这种融合不仅提升了零售效率，还通过数据分析优化了商品结构和库存管理，创造了“人、货、场”三者重构的商业价值。

“互联网+交通”催生了共享出行新模式。滴滴出行通过移动互联网技术整合社会运力资源，构建了网约车平台，提高了资源利用效率，满足了个性化出行需求。哈啰单车等共享单车平台通过物联网技术和移动支付，解决了城市短途出行“最后一公里”问题。这些模式不仅改变了传统交通服务方式，还通过大数据分析优化了城市交通资源配置，推动了智慧交通体系建设。

“互联网+金融”形成了金融科技新业态。支付宝、微信支付等第三方支付平台改变了传统支付方式；网络借贷、众筹融资等模式拓展了融资渠道；大数据风控、智能投顾等技术创新提升了金融服务效率。蚂蚁集团通过技术创新和场景拓展，从支付工具发展为综合性金融科技平台，服务小微企业和个人用户。“互联网+金融”的本质是通过技术手段降低金融交易成本，提高普惠性，同时引入更精准的风险管理模式。

2.2.2 智能制造：新一代信息技术与制造业深度融合的模式

智能制造是基于新一代信息技术与先进制造技术深度融合，贯穿设计、生产、管理、服务等制造活动全过程的新型生产方式和产业形态。它通过感知、分析、决策、执行的智能闭环，实现制造过程的自动化、网络化、智能化，是制造业数字化转型的核心路径。

数字化设计与仿真技术重塑了产品研发模式。西门子、达索等公司的数字化设计平台，通过三维建模、虚拟仿真和数字孪生技术，实现了产品全生命周期的数字化管理，大幅缩短研发周期，降低试错成本。中国商飞 C919 大型客机研制过程中，采用数字化设计与仿真技术，实现了全机数字化装配，显著提高了设计效率和质量。

智能化生产系统改变了制造执行方式。柔性制造系统、工业机器人、智能物流等技术的集成应用，使生产系统具备了适应性、自优化能力。海尔卡奥斯工业互联网平台链接了全球 10 多个国家的 15 个智能工厂，实现了大规模定制生产。徐工集团的“灯塔工厂”通过工业互联网和数字孪生技术，建立了感知、分析、决策、执行的智能制造体系，生产效率提升 40% 以上。

网络化协同制造构建了全新产业生态。基于工业互联网平台，企业可以突破地域限制，整合全球设计、制造和服务资源，形成协同创新、协同制造的网络化组织方式。航天云网平台汇聚了数万家制造企业和研发机构，通过“云制造”模式促进了产业链资源优化配置。这种模式不仅提升了制造效率，还催生了制造即服务（MaaS）的新业态，拓展了制造业价值创造空间。

服务型制造实现了制造与服务的融合创新。通过产品智能化和服务延伸，制造企业从单纯提供产品向提供“产品 + 服务”整体解决方案转变。通用电气通过工业互联网平台 Predix，为航空发动机等产品提供预测性维护服务，形成了以数据驱动的服务收益模式。三一重工通过工业互联网平台对工程机械进行远程监控和健康管理，推出了设备全生命周期服务，服务收入占比持续提升。

2.2.3 生物技术与健康产业融合：精准医疗等新模式

生物技术与健康产业的融合正孕育革命性变革，精准医疗、智慧医疗等新模式引领健康产业数字化、个性化发展方向。

精准医疗通过基因组学、大数据分析等技术，实现疾病的精准诊断和个性化治疗。华大基因通过高通量基因测序技术和人工智能算法，开发了一系列癌症早筛、产前筛查等基因检测服务，推动了精准医疗在临床应用的普及。诺华制药的 CAR-T 细胞治疗技术针对特定基因靶点开发的个性化癌症治疗方案，显著提高了特定白血病患者的治愈率，代表了精准医疗的前沿发展。

智慧医疗通过物联网、人工智能等技术，优化医疗资源配置和服务流程。平安好医生构建了“AI+ 医生”的服务模式，通过智能导诊、远程问诊等功能，提高了医疗服务的可及性和效率。IBM Watson 在医学影像分析、辅助诊断等领域的应用，提高了诊断准确率，降低了医生工作负荷。智慧医疗的本质是通过数据连接和智能分析，重构医疗服务流程和医患关系。

数字疗法作为药物和设备之外的新型疗法，通过软件干预改变患者行为或直接治疗疾病。Akili Interactive 开发的儿童多动症治疗游戏 EndeavorRx 成为首个获 FDA 批准的数字疗法产品；微医通过人工智能和大数据技术开发的慢病管理平台，通过个性化健康管理方案帮助患者控制血糖、血压等指标。数字疗法的兴起丰富了治疗手段，也为制药企业和科技企业的跨界合作创造了新空间。

2.2.4 能源互联网：能源与信息深度融合的创新模式

能源互联网是能源技术与信息技术融合的产物，通过构建开放共享的能源网络，实现能源的智能化生产、传输和消费。这一模式正在推动能源系统从集中式向分布式、从单向流动向多向互动、从化石能源为主向多能互补转变。

智能电网是能源互联网的基础设施，通过信息技术与电力技术的融合，实现电力系统的感知、分析、决策和控制。国家电网的“泛在电力物联网”建设，通过数字化、网络化技术对电力系统各环节进行全面感知和智能控制，提高了系统可靠性和运行效率。智能电表、智能配电网、电力大数据平台等技术的应用，使电网具备了更强的灵活性和韧性。

分布式能源及其聚合模式改变了传统能源供给结构。屋顶光伏、分散式风电、微型燃气轮机等分布式能源在用户侧快速发展，通过区块链、人工智能等技术实现能源的共享交易和协同调度。宁德时代的“光储充放”一体化解决方案，将光伏发电、储能系统和充电设施有机结合，形成了分布式能源系统的典型应用模式。阿里云开发的能源管理平台通过聚合分布式能源资源，形成了虚拟电厂，参与电力系统调节，创造了新的价值流。

能源大数据应用拓展了能源管理的新维度。对能源生产、传输、消费全过程数据的采集和分析，可以实现能源系统的优化运行和预测决策。华为开发的智慧能源管理系统，通过对数据中心能耗数据的实时监控和分析，实现了精准制冷和智能调度，能耗降低 15% 以上。国家能源集团的煤矿智能化建设，通过工业互联网技术对采煤、运输、安全等环节进行智能化管理，实现了煤炭开采的安全高效。

跨界融合的产业模式在实践中不断演进和创新，其特点主要表现在以下几个方面：一是边界模糊化，传统产业分类被打破，新兴业态跨界交叉；二是价值多元化，从单一价值链向价值网络转变，创造了多维度的经济社会价值；三是组织网络化，从封闭线性组织向开放平台型组织演进，汇聚多元创新主体；四是技术集成化，不同领域技术深度融合，形成系统解决方案。

当前，跨界融合正从单点融合向系统融合、从浅层融合向深度融合、从技术融合向生态融合的方向发展。数字化转型正成为各行业跨界融合的共同特征和核心动力，产业数字化和数字产业化相互促进，形成数字经济发展的双轮驱动。未来，随着 5G、人工智能、区块链等新技术的成熟应用，跨界融合将迎来更大发展空间，催生更多创新模式和业态，重塑产业结构和竞争格局，为经济高质量发展注入新动能。推动跨界融合深入发展，需要企业积极拥抱新技术、新理念，政府优化制度环境、促进要素流动，共同构建开放、协同、共享的创新生态，释放融合发展的巨大潜能。

2.3 区域科技与产业协同发展的路径

区域科技与产业协同发展是促进创新要素区域集聚与优化配置的重要机制，也是推动区域经济高质量发展的核心动力。区域内创新资源配置、产业结构特征和制度环境差异，决定了科技与产业融合呈现出鲜明的区域特色和多元化路径。

2.3.1 创新集群驱动的协同发展路径

创新集群是指在特定地理区域内，创新主体、要素与资源高度集聚并形成网络化联系的组织形态。通过集聚效应和溢出效应，创新集群能够显著提升区域创新效率和产业竞争力。硅谷是全球最具代表性的创新集群，其成功在于形成了大学、研究机构、企业、风险投资和中介服务机构等多元主体协同互动的创新生态系统。斯坦福大学、加州大学伯克利分校等高校输出高质量人才和研究成果；谷歌、苹果、特斯拉等领军企业引领技术和产业创新；红杉资本等风险投资机构提供金融支持；众多服务机构提供专业化支撑。这种多元主体的空间集聚和功能互补，激发了持续的创新活力和产业竞争力。

北京中关村、上海张江、深圳南山等科技园区是有代表性的创新集群。中关村依托清华大学、北京大学等高校科研资源，聚集了联想、百度等一批创新型企业，形成了从基础研究到技术开发再到产业化的完整创新链，成为中国具有全球影响力的创新集群。这些区域通过实施人才政策、搭建创新平台、优化营商环境，促进了创新要素集聚和产业发展，形成了科技与产业良性互动的区域发展格局。

2.3.2 产业转型升级引领的协同发展路径

产业转型升级是推动区域科技与产业协同发展的重要路径，强调产业结构高级化、技术装备现代化和组织管理网络化。在产业结构调整和转型压力下，区域通过科技创新提升传统产业，培育新兴产业，实现产业体系优化升级。德国鲁尔区成功实现从传统煤炭钢铁工业向现代服务业和高科技产业转型的案例，展示了这一路径的典型特征。鲁尔区通过建设科技园区、吸引研发机构、发展高等教育，将环保技术、新材料、信息技术等新兴科技与传统产业深度融合，逐步形成了以知识密集型服务业和高技术制造业为主导的现代产业体系。中国的江苏苏南地区、浙江余杭区等传统制造业集聚区，通过引入数字技术、推进智能制造、发展工业互联网，实现了传统产业的数字化转型与高端化发展。浙江余杭区传统纺织产业通过数字化改造，发展成为以“互联网+纺织”为特色的智能制造集群，产业附加值显著提升。这些区域的共同特点是，以产业发展需求为导向，有针对性地引进和开发科技创新资源，通过科技赋能推动产业转型升级，形成了产业需求牵引科技创新、科技创新支撑产业升级的良性互动格局。

2.3.3 平台载体支撑的协同发展路径

科技创新平台和产业发展载体是促进区域科技与产业协同发展的重要支撑。通过建设各类创新平台和产业载体，整合区域创新资源，搭建科技与产业对接桥梁，提供全链条创新服务，是许多区域的共同选择。上海张江科学城建设了一批国家级重大科技基础设施和研发平台，如上海光源、国家蛋白质科学研究设施等，同时集聚了生物医药、集成电路、人工智能等战略性新兴产业，形成了“科学研究—技术开发—成果转化—产业集聚”的完整创新链和产业链。德国弗劳恩霍夫应用研究协会通过建立专业研究所网络，直接面向企业和市场需求开展应用研究，成为连接基础研究与产业应用的关键桥梁，有效促进了科技成果产业化。

2.3.4 制度环境优化的协同发展路径

优化制度环境、完善政策体系、创新治理模式，可以有效降低创新交易成本，促进创新要素流动和重组，激发创新创业活力。深圳特区通过先行先试的制度创新，建立了市场化、法治化、国际化营商环境，形成了尊重知识、崇尚创新、包容失败的创新文化，为科技与产业融合发展创造了良好条件。深圳在知识产权保护、科技金融、人才引进等方面的制度创新，为科技企业发展提供了有力支撑，推动了华为、腾讯等创新企业的成长。

2.3.5 区域协同创新的发展路径

跨区域创新合作和产业协同，可以整合范围更广的创新资源，实现区域优势互补和创新能力提升。长三角、粤港澳大湾区、京津冀等城市群的协同创新实践，展示了区域协同发展的典型路径。长三角地区通过建立G60科创走廊，联动沪苏浙皖九城科创资源，打造跨区域产业创新带；粤港澳大湾区通过“硬联通”和“软联通”，促进科技、资本、人才等创新要素跨境流动，构建具有国际竞争力的创新高地。

区域协同创新路径的核心在于构建跨区域创新网络和产业分工体系，是一个复杂的系统工程，涉及创新主体、创新资源、创新环境等多个维度。

第三节 实践经验与成果

科技创新与产业创新融合实践经验可以总结为：坚持自主创新，注重核心技术突破；产学研用多主体协同，形成创新合力；技术创新与商业模式创新并重，拓展价值创造空间；开放共享理念贯彻始终，构建创新生态。

3.1 国内产业与科技融合的成功案例

中国在推动产业与科技融合方面取得了显著成效，涌现出一批具有代表性的成功案例。

3.1.1 高铁技术的自主创新与产业化

中国高铁是科技创新与产业发展深度融合的典范。20 世纪 90 年代末，中国开始实施铁路提速战略，但当时国内高速铁路技术积累有限。2004 年，中国启动了“中国高速列车自主创新联合行动计划”，组织中国中车、中国铁路总公司、西南交通大学等企业、科研院所和高校联合攻关。经过“引进—消化—吸收—再创新”的发展路径，逐步掌握了高铁核心技术，形成了完整的自主知识产权体系，涵盖高速动车组、轨道、通信信号、运营控制等全产业链技术。

高铁产业链带动了装备制造、新材料、信息技术等相关产业发展，形成了巨大的产业集群。高铁技术创新成果不断产业化，如中国中车开发的时速 600 千米的高速磁悬浮列车、智能高铁技术等。同时，中国高铁走出国门，参与“一带一路”合作伙伴铁路建设，印尼雅万高铁、中老铁路等项目实现了中国高铁技术的国际化应用。高铁案例展示了从技术引进到自主创新再到引领创新的完整发展路径，体现了产学研用协同创新的重要性。

3.1.2 华为：自主创新驱动的全球化科技企业

华为公司是中国企业自主创新与产业化的标志性案例。创立于 1987 年的华为，从最初的交换机代理起步，通过持续的研发投入和技术积累，成长为全球领先的 ICT 解决方案提供商。华为的发展历程展示了科技创新是如何推动企业从技术追随者成长为行业引领者的。

华为坚持高比例研发投入，建立了全球化研发网络，在全球多个国家设立研究所，整合全球创新资源，开展前沿技术研究，为产品和解决方案提供技术储备。华为在 5G 技术领域实现了从跟随到引领的转变。截至 2023 年底，华为拥有 5G 标准必要专利超过 6000 件，位居全球第一。华为不仅在通信设备领域保持领先，还通过技术创新拓展了智能终端、云计算、智能汽车等新业务，形成了多元化业务格局。

华为的创新模式体现为“平台 + 生态”战略。华为通过鲲鹏处理器、欧拉操作系统、昇腾 AI 芯片等构建开放技术平台，吸引合作伙伴共同创新。华为还设立了“火种计划”，投资全球前沿技术初创企业，形成开放创新生态。华为案例表明，企业创新不仅需要内部研发体系建设，还需要构建开放创新网络，整合全球创新资源。

3.1.3 北斗导航系统：科技自立自强与产业化协同推进

北斗案例展示了国家战略科技力量与市场化机制相结合的创新路径，体现了科技创新与产业发展的战略协同。北斗导航系统是中国自主建设的全球卫星导航系统，也是科技与产业协同发展的重要成果。从 1994 年启动工程建设，到 2020 年“北斗三号”全球卫星导航系统正式开通，北斗系统经历了“区域到全球、追赶到并跑”的发展历程。

北斗产业化发展坚持“政府引导、市场驱动、军民融合”的原则，采取了“自主创新、重点突破、融合发展”的技术路线。在卫星导航信号体制、星间链路、高精度原子钟等关键技术上取得突破，形成了具有自主知识产权的核心技术体系，创新性地提供了导航定位、短报文通信和精密授时三大功能，形成了独特的系统特色。

通过组建北斗卫星导航系统工程总设计部，统筹协调航天、电子、通信等领域科研机构和企业协同攻关。北斗系统已形成了完整的产业链，包括基础器件、终端设备、运营服务等，应用已经广泛渗透到交通运输、农林渔业、电力调度、精准农业等多个领域。

3.1.4 滴滴出行：出行方式和运营模式的创新

滴滴出行自 2012 年上线，以提供“一站式多元化出行平台”服务为经营宗旨，是出行产业与科技深度融合的标杆企业。

在技术创新领域，滴滴凭借强大的大数据处理能力，搭建起智能派单系统。该系统实时采集道路拥堵、车辆分布、用户出行需求等海量数据，通过复杂的算法模型进行分析预测，毫秒级响应并完成最优派单决策。在高峰时段，系统能将订单与周边司机精准匹配，有效缩短乘客等待时间，减少车辆空驶里程，大幅提升出行效率。同时，滴滴借助人工智能技术，打造智能客服体系，通过自然语言处理技术理解用户诉求，结合机器学习算法快速给出解决方案，实现“7 × 24”小时不间断服务，日均处理数百万次咨询，极大提升用户体验。

在商业模式创新上，滴滴构建了开放共赢的出行生态平台，连接乘客、司机、车企、金融机构等多方参与者。平台提供网约车、顺风车、代驾、企业级用车等多元服务，满足用户通勤、商务、旅游等全场景出行需求。以顺风车为例，通过共享闲置运力，不仅降低用户出行成本，还促进了社会资源的高效利用。

经过多年发展，滴滴已为全球超过 1200 个城市提供服务，用户数量突破 5.5 亿，平台日订单峰值超 6000 万单。其业务模式和技术应用不仅重塑了城市出行格局，还为传统交通行业的数字化转型提供了成功范本，推动了整个出行产业的变革与升级。

3.1.5 蚂蚁集团：金融科技的创新与产业变革

科技重塑传统金融产业。蚂蚁集团以技术为核心驱动力，建立了“BASIC”技术架构（区块链、人工智能、安全、物联网、云计算）。通过这些技术，蚂蚁集团不断革新金融服务模式：基于人工智能的风控系统使小微企业信贷实现了“3–1–0”模式（3 分钟申请、1 秒钟放款、0 人工干预）；基于区块链技术的跨境汇款服务将传统汇款时间从数天缩短至数秒；基于大数据的信用评分系统为超过 5 亿用户提供了基于个人信用的普惠金融服务。蚂蚁集团采用开放平台战略，通过向金融机构输出技术能力，促进整个金融业的数字化转型。截至 2023 年，蚂蚁集团已与超过 2000 家金融机构建立合作，通过技术赋能共同服务实体经济。

3.2 国际经验借鉴（以硅谷、德国工业 4.0 为例）

国际上一些地区和国家在科技与产业融合方面积累了丰富经验，形成了各具特色的融合模式，为我国深化科技与产业融合提供了有益借鉴。本节选取美国硅谷和德国工业 4.0 两个具有代表性的案例，分析其科技与产业融合的核心机制和成功经验。

3.2.1 硅谷：创新生态系统驱动的融合模式

硅谷位于美国加利福尼亚州旧金山湾区南部，是全球最具影响力的创新中心和高科技产业集群。从 20 世纪 50 年代起步至今，硅谷经历了从半导体、个人计算机、互联网到人工智能、生物技术等多轮技术革命，持续保持创新活力和产业竞争力，成为科技与产业深度融合的典范。

硅谷创新生态系统的核心在于多元创新主体的有机互动。斯坦福大学、加州大学伯克利分校等研究型大学是基础研究和人才培养的源头；苹果、谷歌、Meta 等科技巨头引领技术和商业创新；数以万计的创业企业不断探索新技术、新应用和新模式；红杉资本、凯鹏华盈等风险投资机构为创新提供资金支持；律师事务所、专利代理机构、猎头公司等专业服务机构提供配套服务。这些主体在地理上高度集聚，形成了紧密的创新网络，促进了知识流动和技术商业化。

硅谷产学研合作机制极为发达，体现了科学研究与产业应用的深度融合。斯坦福大学的产学合作可追溯到 20 世纪 30 年代，弗雷德里克 · 特曼教授鼓励学生威廉 · 休利特和戴维 · 帕卡德创办企业，开创了大学支持科技创业的先河。现代硅谷大学通过多种方式促进科技成果产业化：设立技术许可办公室，推动专利技术转让；建立科技园区，为校企合作提供空间载体；开设创业课程，培养学生创业能力；允许教授休假创业或担任企业顾问，促进知识流动；组织产学研联合研究项目，解决产业技术难题。斯坦福大学每年从技术许可获得的收入超过 1 亿美元，衍生出数百家创新企业。

风险投资体系是硅谷科技与产业融合的关键纽带。2023 年，硅谷风险投资总额为 305 亿美元，占全美总额的 34.3%。硅谷风投不仅提供资金支持，还提供管理咨询、市场拓展、人才引进等增值服务，帮助科技成果实现市场化。风险投资的阶段性特征与科技成果产业化过程高度匹配：种子轮支持概念验证，A 轮支持产品开发，B 轮支持市场拓展，后续轮次支持规模扩张。这种分阶段投资机制既分散了风险，又保证了持续资金供给，为科技成果产业化提供了完整的资金链条。

创业文化是硅谷科技与产业融合的精神基础。硅谷形成了鼓励冒险、宽容失败、开放共享的创新文化氛围。“快速失败，快速迭代”的理念鼓励创业者大胆尝试；人才高度流动促进了知识传播和技术扩散；开放的技术社区和分享活动促进了跨界交流与合作。这种文化环境大大降低了创新的社会心理成本，提高了科技成果产业化的社会接受度，加速了从科学发现到商业应用的转化进程。

硅谷还建立了支持创新的制度环境。完善的知识产权保护制度为创新提供法律保障；灵活的劳动力市场制度促进人才流动；简化的企业注册和破产程序降低了创业门槛和退出成本；优惠的税收政策鼓励研发投入和风险投资。这些制度安排共同构成了有利于科技与产业融合的政策环境，为创新主体提供了制度保障。

3.2.2 德国工业 4.0：国家战略引领的融合模式

德国工业 4.0 是德国政府于 2013 年提出的国家战略，旨在通过新一代信息技术与制造业深度融合，引领制造业数字化转型，维持德国在全球制造业中的领先地位。这一战略经过十余年实施，取得了显著成效，成为政府引导科技与产业融合的成功范例。

德国工业 4.0 战略的实施采取了“自上而下”与“自下而上”相结合的推进模式。在顶层设计方面，德国政府发布了《德国工业 4.0 战略》

《数字战略 2025》等政策文件，明确了发展目标和路径；设立了工业4.0平台，由政府、企业、科研机构和行业协会共同参与，协调推进战略实施；组建了工业4.0研究联盟，统筹科研力量攻克关键技术。在基层实践方面，企业是实施主体，根据自身需求推进数字化转型；行业协会提供标准、培训和咨询服务；研究机构针对具体技术难题开展研究。这种上下联动、多方协同的推进机制确保了战略的系统性和可操作性。

产学研合作是德国工业4.0的核心支撑机制。德国建立了完善的应用研究体系，以弗劳恩霍夫协会为代表的应用研究机构发挥了连接基础研究与产业应用的桥梁作用。弗劳恩霍夫协会下设76个研究所和研究机构，覆盖信息技术、生产技术、材料科学等多个领域，直接面向企业需求开展研究。其经费70%来自企业委托和政府项目，30%来自基础资助，这种经费结构确保了研究方向与产业需求紧密结合。德国企业普遍重视与研究机构合作，西门子、博世等龙头企业每年投入大量研发经费，与大学和研究机构联合攻关，促进了科研成果的产业化应用。

德国工业4.0平台发布了“工业4.0参考架构模型”（RAMI 4.0），提供了统一的技术框架和标准体系，促进了不同系统、设备和软件的互操作性。德国企业和研究机构积极参与国际标准制定，如OPC UA（开放平台通信统一架构）已成为工业物联网领域的重要国际标准。标准化工作降低了企业数字化转型的技术门槛，促进了工业4.0解决方案的推广应用。

人才培养与技能提升是德国工业4.0战略的重要组成部分。德国实施了“工作4.0”计划，针对数字化转型对劳动力技能的新要求，开展职业教育和继续教育。德国“双元制”职业教育体系注重理论与实践相结合，培养了大量具备数字化能力的技术工人。大学教育也加强了跨学科人才培养，开设了制造工程与信息技术交叉的课程和项目；西门子、博世等企业也与教育机构合作，提供数字化培训项目，提升员工数字技能。这些措施确保了人才供给与技术创新和产业发展需求相匹配。

德国工业 4.0 还建立了示范工厂网络，促进技术扩散和应用创新。德国在全国建立了近 30 个工业 4.0 示范工厂，展示智能制造、数字孪生、预测性维护等新技术应用。这些示范工厂面向中小企业开放，提供参观学习、技术咨询和培训服务，帮助中小企业了解工业 4.0 技术并制定转型方案。博世雷尼绍工厂、西门子安贝格工厂等成为工业 4.0 标杆，吸引了全球企业参观学习。示范工厂网络加速了先进技术的扩散应用，推动了整个制造业的数字化升级。

经过十余年发展，德国工业 4.0 取得了显著成效。德国制造业数字化、网络化、智能化水平大幅提升，产品质量和生产效率持续改善；培育了工业软件、工业物联网、智能装备等新兴产业；形成了面向全球的工业 4.0 解决方案输出能力。西门子工业软件、SAP 企业资源规划系统等德国工业软件在全球市场占据领先地位；德国机器人与自动化联盟成员企业年销售额超过 150 亿欧元，出口比例达 65% 以上。德国工业 4.0 战略不仅保持了德国制造业的全球竞争力，还输出了数字化转型的方法论和技术标准，展示了政府引导型科技与产业融合的成功实践。

硅谷和德国工业 4.0 两个案例虽然在背景、机制和路径上存在差异，但均展示了科技与产业融合的基本规律和关键要素：多元创新主体协同互动，产学研深度合作，政府与市场良性互动，人才与资本有效支撑，创新文化氛围营造。这些国际经验为我国推进科技与产业融合提供了多方面启示：一是构建完善的创新生态系统，促进创新要素集聚和流动；二是建立高效的产学研协同机制，加速科技成果产业化；三是完善创新制度环境，激发创新活力；四是加强人才培养与引进，提供智力支撑；五是优化创新资源配置，提高融合效率。在借鉴国际经验的基础上，结合中国国情和产业特点，创新科技与产业融合的中国模式，将为经济高质量发展提供持续动力。

3.3 科技与产业协同的政策保障

政策保障是推动科技与产业融合的重要支撑，科学有效的政策体系可以优化创新环境，降低科技成果产业化门槛，促进创新资源合理配置，加速科技与产业的深度融合。我国在科技与产业协同方面形成了多层次、全方位的政策保障体系，为科技成果产业化和产业创新发展提供了有力支持。

3.3.1 顶层设计与制度建设

《国家创新驱动发展战略纲要》强调“以促进科技与经济深度融合为重点、促进产业链与创新链深度融合”，从战略高度明确了科技与产业融合的重要性。《国家中长期科学和技术发展规划纲要》提出了面向2035年的科技发展目标和重点任务，为科技创新与产业发展提供了长期指引。

法律法规体系为科技与产业融合提供了制度保障。《中华人民共和国促进科技成果转化法》明确了科研人员的收益分配机制，规定“科技成果完成单位可以规定或者与科技人员约定奖励和报酬的方式、数额和时限”，激发了科研人员转化科技成果的积极性。《中华人民共和国专利法》《中华人民共和国著作权法》《中华人民共和国商标法》等知识产权法律法规保护创新主体的合法权益，促进了创新成果的市场化应用。

3.3.2 财税金融支持政策

财政资金引导是科技与产业融合的重要支持手段。国家设立了国家自然科学基金、国家科技重大专项、国家重点研发计划等科技计划，支持基础研究和应用基础研究。国家科技成果转化引导基金、国家中小企业发展基金等专项资金，重点支持科技成果产业化。2023年中央财政科技支出超过 4000 亿元，其中约 60% 用于基础研究和应用基础研究领域，有力支持了科技创新和成果转化。

税收优惠政策激励企业加大研发投入。从 2023 年 1 月 1 日起，研发费用加计扣除政策允许企业在计算应纳税所得额时，将研发费用按照实际发生额的 100% 在税前加计扣除；形成无形资产的，从 2023 年 1 月 1 日起，按照无形资产成本的 200% 在税前摊销。高新技术企业所得税优惠政策规定，符合条件的高新技术企业减按 15% 税率征收企业所得税。技术转让所得税优惠政策规定，一个纳税年度内，居民企业技术转让所得不超过 500 万元的部分，免征企业所得税；超过 500 万元的部分，减半征收企业所得税。这些税收政策有效降低了企业创新成本，提高了创新积极性。

科技金融服务体系为科技创新提供了多元化融资渠道。科创板的设立为科技型企业提供了直接融资平台，汇聚了一批规模较大、市场认可度较高、科研实力突出、成长性较好的优质科创企业。国家科技成果产业化引导基金采用“母基金 + 子基金”模式，撬动社会资本投入科技成果产业化领域。知识产权质押融资、科技保险等新型金融工具拓宽了科技企业融资渠道。国家和地方政府设立的各类创业投资引导基金，通过参股方式引导社会资本投向种子期、初创期科技企业，缓解了科技型中小企业融资难问题。

3.3.3 产学研协同创新政策

产学研合作平台建设是促进科技与产业对接的重要举措。国家工程研究中心、国家技术创新中心、制造业创新中心等创新平台，聚焦产业共性关键技术研发，推动技术创新和产业化应用。全国人大常委会执法检查组关于检查《中华人民共和国企业国有资产法》实施情况的报告 2024 年 12 月 22 日提请十四届全国人大常委会审议，报告显示，2023 年底地方国有企业牵头建设国家级创新平台 111 个、省级创新平台1010个，形成了多层次、网络化的创新平台体系。这些平台汇聚企业、高校、科研院所等多方力量，促进了产学研用深度融合。

人才培养与引进政策为科技与产业融合提供了人力资源支撑。各种人才计划,吸引了一批海外高层次人才回国创新创业。高校创新创业教育改革，培养了学生的创新精神和创业能力。企业家、科学家、投资人“三位一体”的创新创业人才培养机制，形成了支撑科技与产业融合的人才梯队。产业技术人才培训体系建设，提升了劳动者技能水平，适应了产业转型升级需求。

产学研协同创新的组织模式得到政策支持。“揭榜挂帅”机制面向全社会发布技术需求,择优支持有能力的单位和个人承担项目。“赛马”制允许多个团队同时攻关一个技术难题，激发了创新竞争活力。产业技术创新战略联盟由企业、科研院所、高校等组成，共同开展产业关键技术研发和标准制定。校企联合培养研究生、设立产业学院等模式，促进了高校人才培养与企业需求对接。

3.3.4 区域创新政策与国际科技合作

区域创新政策促进了创新资源的区域集聚与扩散。国家自主创新示范区、国家高新区等创新型区域载体，通过政策先行先试和制度创新，形成了科技与产业融合的区域增长极。截至2023年11月，国家高新区总数达178家，依托66家国家高新区建设了23家国家自主创新示范区，集聚了大量高新技术企业和创新人才。京津冀协同创新共同体、长三角科技创新共同体等区域创新网络，打破了行政壁垒，促进了创新要素跨区域流动和优化配置。

创新型城市和科技成果转移转化示范区建设，推动了科技成果在区域内的转化应用。科技部印发的《“十四五”技术要素市场专项规划》中提到，到2025年，技术合同成交额达到5万亿元，国家科技成果转移转化示范区达到20家，国家技术转移区域中心达到15家，国家技术转移机构达到 500 家，国际技术转移中心超过 60 家，技术经理人数量突破 3 万名，在知识产权保护、科技金融、人才激励等方面进行政策创新，加速了科技成果产业化。北京、上海、深圳等创新型城市率先探索科技与产业融合新模式，为全国提供了经验借鉴。

国际科技合作政策拓宽了创新资源获取渠道。“一带一路”科技创新行动计划促进了国际科技合作与交流，建设了一批联合实验室和科技园区；国际大科学计划和大科学工程参与机制，使中国科学家能够参与全球前沿科研项目；企业“走出去”政策支持企业在海外设立研发中心，获取国际先进技术和创新资源；国际科技合作政策有效整合了全球创新资源，提升了中国在全球创新网络中的地位。

科技与产业协同的政策保障体系不断完善和优化，形成了从国家顶层设计到地方具体实施，从基础研究支持到成果转化应用，从人才培养引进到平台建设运行的全链条政策支撑。这些政策措施共同作用，营造了有利于科技与产业融合的政策环境，成为推动创新驱动发展的重要力量。未来，政策体系将进一步强化系统性、整体性和协同性，更好地适应科技创新和产业发展的新形势、新要求，为科技与产业深度融合提供更加有力的政策保障。

第四节 案例分析

科技创新与产业创新的融合已成为推动经济高质量发展的关键动力，不仅能够加速科技成果产业化，还能为产业注入新的活力，提升产业竞争力。科技创新与产业创新融合主要有技术创新驱动产品升级、产业模式创新拓展市场、持续高强度研发投入、产业协同创新以及产业应用创新等模式。

4.1 数字经济时代的科技与产业融合案例

数字经济时代，以数据为关键生产要素、以数字技术为核心驱动力，科技与产业融合呈现出全方位、多层次、宽领域的特征。数字技术正在深刻重塑产业形态、商业模式和价值创造方式，催生新业态、新模式，推动传统产业数字化转型。本节选取阿里巴巴“新零售”和小米 AIoT 生态系统两个典型案例，分析数字经济时代科技与产业融合的实践路径与创新价值。

4.1.1 阿里巴巴“新零售”：数字技术赋能传统零售业转型

“新零售”概念由阿里巴巴集团在 2016 年首次提出，定义为：企业以互联网为依托，通过运用大数据、人工智能等先进技术手段，对商品的生产、流通与销售过程进行升级改造，进而重塑业态结构与生态圈，并对线上服务、线下体验以及现代物流进行深度融合的零售新模式。核心是通过数字技术和数据能力重构人、货、场三要素，实现线上线下融合和全渠道协同。这一创新模式代表了数字技术与传统零售业的深度融合，为零售业数字化转型提供了系统解决方案。

盒马鲜生是阿里巴巴新零售战略的典型实践。作为集超市、餐饮、物流配送于一体的新零售业态，盒马鲜生通过一系列创新技术与传统零售进行融合：首先，通过全渠道数字化实现线上线下一体化，消费者可以在实体店购物，也可以通过手机 App 下单；其次，借助物联网技术对门店进行智能化改造，如电子价签自动更新价格、智能货架记录商品信息、商品 RFID 标签实现自动扫描等；再次，运用大数据和人工智能技术进行精准选品和个性化推荐，提高商品周转率；最后，构建前置仓配送系统，实现门店 3 千米范围内 30 分钟送达服务。

盒马鲜生模式取得了显著成效。2024 年 7 月，盒马全国门店数量超过 400 家，覆盖 50 多个城市，2024 财年（截至 2024 年 3 月），盒马年销售额达到 590 亿元。盒马单店坪效达到传统超市的 3~5 倍，线上订单占比超过 50%，成为阿里巴巴新零售战略的旗舰品牌。更重要的是，盒马鲜生模式实现了零售业务的数据闭环：从消费者浏览、搜索、下单到实物配送、消费评价，全流程生成数据资产，这些数据反过来优化供应链管理、精准营销和服务创新，形成数据驱动的良性循环。

新零售的核心价值在于重构零售业全价值链。在供应链端，数字技术实现了从"推"模式向"拉"模式转变，根据消费数据预测需求，减少中间环节；在营销端，从大众营销转向精准营销，提高营销效率；在服务端，通过数字化手段提供个性化、场景化服务，增强消费体验；在管理端，通过数据分析支持决策优化，提高经营效率。这一模式重塑了零售业态，推动了零售企业数字化转型，带动了相关产业升级，如物流配送、生鲜加工、数字支付等，形成了零售业数字化生态。

阿里巴巴新零售模式的成功实践表明，数字技术与传统产业融合的关键在于围绕行业核心环节进行系统性变革，而非简单叠加。新零售通过数字化改造提升了生产效率、降低了流通成本、优化了消费体验，实现了零售业的质量变革、效率变革和动力变革。这一案例展示了数字技术如何系统性地赋能传统产业，实现产业升级和价值创造模式创新。

4.1.2 小米 AIoT 生态系统：物联网技术引领智能家居产业发展

小米集团创新性地构建了以智能手机为核心，涵盖智能硬件、物联网平台和内容服务的 AIoT 生态系统，是科技与多产业融合的典型案例，并将物联网技术、人工智能与家电、家居等传统制造业深度融合，开创了智能家居产业发展的新范式。

小米 AIoT 生态系统的核心架构包括三个层次：一是多元化的智能硬件层，包括智能手机、电视、音箱、路由器、空调、冰箱等 300 多种智能设备；二是统一的 IoT 平台层，即小米 IoT 开发平台和小爱同学 AI 平台，提供设备连接、控制、数据分析和语音交互能力；三是应用服务层，包括米家App、小爱同学等用户界面和各类增值服务。这一架构实现了跨品类、多场景的智能设备互联互通，创造了全新的智能家居体验。

小米的科技与产业融合模式具有鲜明特色。首先，小米采用“投资＋孵化”方式构建生态链，通过投资或孵化专业硬件公司（如华米、智米、纯米等），共享小米的品牌、渠道、供应链和技术资源，形成协同发展的产业集群。截至2025年，小米通过“参股不控股”策略投资超300家企业，形成覆盖智能家居、可穿戴设备、机器人等领域的超级矩阵。其次，小米建立开放互联的技术标准和协议，开发者可以通过小米IoT开发平台接入自己的智能设备，降低了智能硬件开发门槛，加速了智能设备普及。最后，小米通过人工智能技术提升用户体验，小爱同学AI助手能够理解自然语言指令，控制家中智能设备，实现场景化智能服务。

小米AIoT战略取得了显著成效。截至2024年9月30日，小米AIoT平台已连接IoT设备（不包括智能手机、平板及笔记本电脑）数达8.61亿，同比增长23.2%；拥有5件及以上连接至小米AIoT平台的设备（不包括智能手机、平板及笔记本电脑）用户数达1710万，同比增长24.9%；米家App月活跃用户数超1亿，同比增长19.2%；小爱同学月活跃用户数同比增长8.5%，达到1.35亿，已成为全球最大的消费级IoT平台之一。

小米AIoT生态系统的价值创新体现在多个方面：一是重塑了传统家电家居产业的产品形态，由单一功能设备转变为互联互通的智能系统；二是创新了生产组织方式，通过生态链模式整合专业制造企业，提高了产业协作效率；三是拓展了价值创造空间，从硬件销售延伸到软件服务和内容服务，形成了硬件、软件、服务融合的商业模式；四是提升了用户体验，通过场景化应用和个性化服务增强了产品黏性和用户忠诚度。

小米 AIoT 生态系统案例展示了科技企业是如何通过平台模式推动多产业融合创新的。物联网技术作为新一代信息技术与传统产业融合的关键纽带，不仅改变了产品形态，还重塑了产业组织方式和价值创造模式。小米通过构建开放平台，降低了技术门槛，加速了传统制造业的智能化转型，培育了智能家居这一新兴产业生态。这一模式超越了单一企业的产品创新，实现了产业生态的协同创新，为数字经济时代科技与产业融合提供了有益启示。

4.2 传统能源行业的科技转型案例

传统能源行业作为国民经济的基础性产业，在数字化浪潮和碳中和目标驱动下，积极推进科技与产业融合，探索转型升级新路径。本节选取国家能源集团智能矿山建设和国家电网能源互联网建设两个典型案例，分析传统能源行业如何通过科技创新实现转型发展。

4.2.1 国家能源集团智能矿山建设：数字技术赋能煤炭产业升级

国家能源集团作为中国最大的煤炭生产企业，面对安全风险高、资源开采难度增加、环保要求提升等挑战，自 2017 年重组成立以来大力推进“智能矿山”建设，将 5G、人工智能、大数据、物联网等新一代信息技术与传统煤炭开采工艺深度融合，实现了从“黑色煤炭”到“智慧煤炭”的转型升级。

神东煤炭集团（国家能源集团子公司）的大柳塔智能矿井是智能矿山建设的标杆项目。该矿当初设计为年产 30 万吨的规模，通过建设“煤矿大脑”智能化管控平台，实现了采煤、掘进、运输、通风、排水、供电等全流程智能化管控，如今产量高达 3300 万吨，实现了惊人的跨越，现已成为全球最大的井工煤矿。在采煤环节，应用了智能化采煤工作面技术，包括液压支架自动控制系统、采煤机远程操控系统、运输机智能监测系统等，实现了采煤工作面的少人化、无人化作业。在掘进环节，引入了智能掘进机器人，能够自主完成煤壁切割、支护安装等作业。在运输环节，建设了智能化调度中心，对井下皮带、斜井提升、地面铁路运输等全流程进行智能调度，提高了运输效率。大柳塔智能矿井还建立了安全生产监测预警系统，通过在井下布设数千个传感器，实时监测瓦斯浓度、顶板压力、粉尘浓度等安全指标，利用大数据分析和人工智能算法，预测安全风险并自动启动应急预案。该系统将煤矿安全管理从“事后处理”转变为“事前预防”，大幅提高了安全生产水平。

智能矿山建设对煤炭产业具有深远影响。在技术方面，促进了采矿装备智能化升级，带动了智能传感、工业软件、工业机器人等相关产业发展；在生产组织方面，重构了煤炭开采的工艺流程和管理模式，提高了资源利用效率；在产业形态方面，推动煤炭产业由单纯的资源开采向设备制造、技术服务、数据管理等多元业态拓展，延伸了产业链条；在人力资源方面，改变了传统煤矿工人的工作内容和技能结构，由以体力劳动为主转变为以智能设备操控和系统维护为主。

国家能源集团智能矿山建设案例表明，传统资源型产业可以通过数字技术赋能实现转型升级，走出一条安全、高效、绿色、智能的创新发展道路。这一模式不仅提升了煤炭产业竞争力，还为其他传统采矿业提供了可借鉴的科技转型路径。

4.2.2 国家电网能源互联网建设：推动电力系统智能化转型

国家电网公司作为世界最大的电网企业，面对能源转型和数字化浪潮的双重挑战，自 2019 年起实施“三型两网、世界一流”战略，大力推进电网向能源互联网转型，通过特高压、智能电网、电力物联网等技术创新，构建清洁主导、多能互补、智能高效的现代能源体系。

以江苏省为试点的“泛在电力物联网”建设是能源互联网转型的

典型实践。江苏电网构建了“感知层—网络层—平台层—应用层”四层架构的电力物联网，在感知层部署了数千万个智能传感器，实现电网设备、用户设备的全面感知；在网络层建设了融合 5G、窄带物联网（NB-IoT）、光纤通信的多维通信网络，确保数据实时高效传输；在平台层打造了统一的数据中台和业务中台，实现数据资源整合和业务能力共享；在应用层开发了智能运检、智慧服务、能效管理等创新应用，为电网运营和用户服务提供智能支持。

江苏电网还创新性地开发了“源网荷储”协同优化技术，通过人工智能算法和大数据分析，实现发电电源、电网、电力负荷和储能设施的协同调度和优化控制。这一技术使大规模可再生能源高效接入成为可能，解决了新能源发电波动性大、调度难的问题。在张家港市，建设了全国首个“源网荷储”协同示范区，通过智能调度平台连接分布式光伏、工业负荷、电动汽车充电站、储能电站等能源设施，实现了区域能源系统的灵活调控和优化运行。

与此同时，国家电网公司推进特高压输电技术创新和应用，建成了世界上电压等级最高、输送容量最大、输送距离最远的特高压输电网络。青海—河南 ±800 千伏特高压直流输电工程是其中的代表，全长 1587 千米，每年可向河南省输送清洁电量 400 亿千瓦时，实现了西部清洁能源向东部负荷中心的大规模输送，促进了全国范围内的能源优化配置。

国家电网能源互联网建设成效显著。截至 2023 年，国家电网经营区域内可再生能源装机占比超过 50%，全网新能源消纳率达 95% 以上；配电网自动化覆盖率达到 90%，供电可靠性达到 99.9%；电力物联网连接终端数量超过 5 亿个，形成了世界上规模最大的工业物联网体系。

能源互联网建设对电力行业产生了深远影响。在技术方面，促进了电力装备智能化升级，带动了智能传感器、电力电子、能源存储等相关产业发展；在产业组织方面，打破了传统电力行业的垂直一体化结构，形成了更加开放、多元的产业生态；在商业模式方面，从单一的电力供应转变为多元化能源服务，创造了新的价值增长点；在能源结构方面，通过提高新能源消纳能力，加速了能源清洁化转型过程。

国家电网能源互联网建设案例展示了传统能源基础设施如何通过技术创新适应能源转型需求，构建新型能源系统。这一模式不仅提升了电力系统的运行效率和服务水平，还为构建清洁低碳、安全高效的能源体系提供了技术支撑和实践经验。

传统能源行业的科技转型案例揭示了科技创新在能源产业变革中的关键作用。无论是煤炭开采的智能化升级，还是电力系统的互联网化转型，都体现了传统产业通过拥抱新技术实现自我革新的发展路径。这些转型实践不仅提高了能源供给的安全性、经济性和环保性，还催生了新技术、新业态和新模式，推动能源产业向高质量发展迈进。未来，随着数字技术、新能源技术和能源互联网技术的持续创新，传统能源行业将迎来更加深刻的变革，形成更加清洁、高效、智能的现代能源体系。

4.3 医疗健康领域的科技创新案例

4.3.1 华大基因：基因测序技术产业化的领跑者

1999 年 9 月 9 日成立的华大基因公司是中国第一家基因科技公司，在基因测序技术领域取得了一系列突破。2000 年 6 月 26 日，人类基因组计划草图完成，华大基因承担了其中 1% 的测序工作，成为“人类基因组计划”成员当中唯一一个发展中国家机构；2014 年，华大基因在消化和吸收了 CG 公司的技术之后，推出了 BGISEQ-1000 的测序仪，从而打破了 Illumina 等美国公司对上游的垄断，也让华大基因在国内同行业再无对手；2015 年下半年，华大集团正式发布首款自主研发的国产化测序仪 BGISEQ-500，实现自主研发国产测序仪“从 0 到 1”的突破；2023 年，华大智造推出了 DNBSEQ-T20×2 超高通量测序仪，其测序效率的提升使得单例人全基因组测序成本大幅下降至 100 美元以内，进一步提升了患者对测序服务的可及性。

华大基因构建了“测序平台 + 临床应用 + 科研服务”的全产业链生态，在多个领域实现了规模化应用。在技术层面，华大基因拥有从测序仪研发、试剂生产到数据分析的完整技术体系；在应用层面，开发了生育健康、肿瘤防控、感染防控、多组学科研等多领域解决方案；在服务层面，建立了覆盖全国的基因检测服务网络，提供标准化的基因检测和解读服务。这种全产业链布局使华大基因能够将实验室技术快速转化为市场化产品和服务，加速了基因技术的普及应用。

华大基因通过技术创新、产业整合和国际合作，构建了基因科技产业生态系统，展现了科技创新驱动产业变革的强大力量。通过与北京大学、复旦大学等高校合作建立联合实验室，开展基础研究和人才培养；与医院合作建立精准医学中心，推动基因技术临床应用；参与多个国际大科学计划，如“万种植物基因组计划”和“人类基因组计划”，融入全球创新网络。同时，华大基因通过技术授权和平台开放，赋能上下游企业发展，带动了生物试剂、实验室设备、生物信息分析等相关产业发展，形成了基因科技产业集群。

4.4 绿色科技推动可持续产业发展案例

绿色科技与产业融合是实现碳达峰碳中和目标和可持续发展的重要途径。近年来，我国涌现出一批将绿色技术创新与产业发展深度融合的优秀企业，通过技术突破、模式创新和产业链整合，推动了传统产业绿色转型和新兴绿色产业发展。本节选取宁德时代新能源科技股份有限公司的电池回收与梯次利用体系和远景科技集团的风电智能化管理两个典型案例，分析绿色科技如何与产业融合推动可持续发展。

4.4.1 宁德时代：构建动力电池全生命周期管理体系

宁德时代新能源科技股份有限公司成立于2011年，是全球领先的动力电池制造商，其市场份额在2023年占全球36.8%，装车量达259.7 GWh。面对电动汽车快速发展带来的动力电池回收利用问题，宁德时代从2024年开始探索构建动力电池全生命周期管理体系，通过科技创新和产业链整合，将潜在的环境风险转化为资源再生的经济机会。

宁德时代的动力电池回收与再利用体系建立在一系列技术创新基础上。首先，是电池设计环节的可回收性设计，从源头考虑电池的可拆解性和材料回收性；其次，是电池健康管理技术，通过电池管理系统（BMS）实时监测电池状态，精准评估电池剩余价值；再次，是梯次利用技术，开发了退役动力电池在储能、备电等领域的应用解决方案；最后，是材料回收技术，自主研发了湿法回收工艺，目前已实现对镍钴锰材料高达99.6%的回收率，而对锂的回收率也达到令人瞩目的91%，处于国际领先水平。

宁德时代构建了“电池设计—生产—使用—梯次利用—回收与资源再生”的闭环产业链。2013年，宁德时代收购邦普循环切入动力电池回收赛道，借助宁德时代在锂电产业链的巨大优势，特别是对生产过程废料的利用，邦普循环回收再生产能已达12万吨/年，且保持着较高的运行效率，锂回收量达到万吨LCE左右，是目前国内最大的动力电池再生利用公司。2018年，宁德时代与上汽集团达成战略合作，共同推进新能源汽车动力电池回收再利用。2021年10月，宁德时代宣布由控股子公司广东邦普循环科技有限公司及其控股子公司在湖北省宜昌市投资建设邦普一体化电池材料产业园项目，该项目主要建设具备废旧电池材料回收、磷酸铁锂及三元前驱体、钴酸锂及三元正极材料、石墨、磷酸等集约化、规模化的生产基地。2022年4月，宁德时代发布公告称，控股子公司广东邦普的下属公司普勤时代拟在印度尼西亚与当地两家企业共同投资建设动力电池产业链项目。截至 2024 年，宁德时代落地了大规模产业化铁锂电池回收项目，年废旧电池处理能力达 27 万吨，在国内已建立 240 余个废旧电池回收网点，回收废旧电池 12.87 万吨，镍、钴、锰回收率达 99.6%，锂回收率 93.8%。通过与中国再生资源集团、上汽、哪吒、沃尔沃等企业签署合作协议，建立了广泛的本土化回收渠道，确保废旧电池能够得到及时、有效的回收，提高回收效率，降低回收成本。

宁德时代动力电池回收利用体系将环保责任与经济价值有机结合，实现技术创新和商业模式创新融合，完成了从线性经济向循环经济的转变。这一模式不仅解决了电动汽车发展面临的电池回收问题，还培育了新的绿色产业链。宁德时代的实践证明，绿色科技与产业深度融合可以推动传统产业链向生态化、循环化方向升级，创造经济、社会和环境的多重价值。

4.4.2 远景科技：风电智能化管理引领可再生能源产业升级

远景科技集团成立于 2005 年，是全球领先的智能风机制造商和能源技术服务提供商。面对风电等可再生能源发展中的间歇性、波动性和分布式特点，远景科技通过将数字技术与风电产业深度融合，开创了风电智能化管理的新模式，推动了可再生能源产业智能化升级。

远景科技的核心技术创新在于开发了智能风机和风电场智能管理系统。智能风机方面，2011 年，远景科技推出了风电场管理平台 Wind OS，这一系统融合了物联网与云计算技术。通过智能风机传感器收集的丰富数据，该平台能够清晰地揭示风电场能量损失的问题，并提供相应的解决方案，从而提升风电资产的收益。2016 年 9 月远景能源推出 EnOS 能源物联网平台，EnOS 利用物联网、云计算、大数据等先进技术，连接数以亿计的太阳能板、风机、储能、用电终端，让每个家庭、工厂、园区和城市的各类设备协同运行，实现可再生能源系统供需实时动态平衡，根据市场动态来实现能源供需平衡，提升运营效率，降低系统协同成本。目前，EnOS 连接管理全球超过 1.1 亿个智能终端设备和 360GW 的能源资产。基于 EnOS，远景智能可为智慧新能源、智慧工厂、综合能源管理、智慧出行、智慧城市等领域提供解决方案和智能产品，助力政府和企业实现数字化转型。

自成立之日起，远景科技一直坚持“软件定义硬件”的理念，率先提出“智能风机”概念并进行持续研发创新。2019 年 10 月，远景能源推出“超感知”智能风机，在经历了“软件定义智能风机”后，基于网络智能的“新机器”从构想走向现实。秉承极致平台化、模块化设计架构理念，远景最新陆上风机平台 Model-X 和海上风机平台 Model Y 搭载伽利略超感知系统，可根据应用场景需求灵活配置机型，同时建立了严密的测试验证体系闭环。虽然风机运行场景位于沙漠、大海、山地、平原等各种不同的自然环境中，但凭借伽利略系统，能将自身经历的风况和载荷信息不断汇聚到云端设计“母体”，持续验证机型的运行场景设定，从而保证风机的零件、部件、模块、子系统、系统承载边界的相互协调，大幅提升了机组可靠性。

从风电到电池，再到能源物联网，在 AI 技术的加持下，远景科技集团正不断构筑一个多维立体的智慧能源世界，旗下远景资本已经投资了大数据、充电、储能、物联网安全、可再生能源管理、能源物联网、智能交通等领域的科技公司，战略投资和培育了 Sonnen、ChargePoint、Protectwise、AutoGrid 等零碳科技创新先锋。

从制造端切入新能源领域，用物联网技术一改行业沿袭数十年的生产方式。远景科技的创新价值在于将数字技术与新能源产业深度融合，通过软件定义能源，实现了可再生能源从“资源依赖型”向“技术驱动型”的转变。这一模式不仅提高了风电等可再生能源的经济性和系统友好性，还推动了能源产业的数字化、智能化转型，为构建清洁、低碳、安全、高效的能源体系提供了技术支撑和实践路径。远景科技的实践证明，绿色科技与数字技术的融合创新可以加速传统能源向清洁能源转型，促进能源产业可持续发展。

当绿色技术创新与产业发展深度融合时，不仅能够解决资源环境约束问题，还能培育新的经济增长点，创造新的就业机会，形成经济发展与环境保护的良性循环。

第六章　科技驱动产业升级

科技创新正以前所未有的力度重塑全球产业格局，产业升级的核心引擎在于关键技术的持续突破与融合应用。这一过程深刻作用于产业经济结构、科技创新路径、装备体系演进与成果产业化效能，它们共同构成了推动产业体系向高级化、智能化、绿色化跃迁的系统性力量。

唯有牢牢把握科技创新的核心引擎地位，夯实先进装备的基础支撑，打通成果产业化的关键堵点，才能实现产业结构的根本性优化和全球竞争力的实质性提升，在新一轮科技革命和产业变革中占据战略制高点。

科技创新的巨大价值最终通过高效顺畅的成果产业化得以释放，这是驱动产业升级的关键跃升环节。强大的成果转化能力依赖于“产学研用深度融合”的创新生态。

第一节　产业升级的经济学分析

产业升级的经济学本质是提升全要素生产率与优化经济结构，其核心驱动力在于创新与效率提升，目标是实现价值链跃升、增强国际竞争力和推动经济可持续发展，其经济学分析需整合多学科视角与动态演化逻辑。创新（技术创新、产品创新、流程创新、商业模式创新等）是升级的核心驱动力。它能够创造新的需求，提高资源利用效率，并形成技术壁垒，获取超额利润。

1.1 产业升级的经济学理论基础

产业升级是经济发展的核心驱动力之一，也是一个国家和地区实现可持续增长的重要路径。从经济学的角度来看，产业升级是指经济体通过技术进步、资源优化配置和结构调整，推动产业从低附加值环节向高附加值环节转型，从劳动密集型向技术密集型和资本密集型转变的过程。这一过程不仅体现为产业结构的调整，还意味着生产效率的提升、创新能力的增强以及国际竞争力的提高。产业升级的本质是经济资源的重新配置和价值链的跃升，而这一动态过程依托于多种经济学理论的支持和解释。

1.1.1 二元经济模型

阿瑟·刘易斯的“二元经济模型”是结构主义的重要基础之一，强调了产业结构转型的关键作用，指出产业升级不仅是技术进步的结果，更是资源配置效率提升的表现。

荷兰经济学家扬·廷贝亨进一步提出了经济发展的要素比例理论，强调技术进步在产业升级中的核心作用，通过技术进步和产业政策的引导，经济体可以逐步从低级产业向高级产业转型，从而实现产业升级。

1.1.2 增长模型

新古典增长理论者索洛的增长模型强调资本积累在经济增长中的作用，长期经济增长的关键在于技术进步。技术进步不仅能够提升单个产业的生产效率，还可以通过“溢出效应”影响其他产业，从而推动整个经济结构的优化。

内生增长理论代表者罗默和卢卡斯的研究指出，知识和技术的积累是长期经济增长的关键驱动力，一个产业的技术进步可以通过技术扩散和产业关联效应，带动其他产业的升级。

1.1.3 竞争优势理论

波特的“钻石模型”强调了企业竞争力、产业链协同和创新生态在产业升级中的作用。

保罗·大卫的“技术锁定”理论指出，某些技术因历史先发优势而占据主导地位，强调企业的技术选择和创新战略直接决定产业升级的方向和效率。

1.1.4 全球价值链理论

全球价值链理论认为，现代经济活动越来越多地嵌入全球价值链中，跨国企业与本地企业的技术合作和资源共享是实现产业升级的重要路径。林毅夫认为产业升级不仅需要技术的引进和吸收，还需要通过制度创新和企业能力建设实现对技术的本地化应用。

产业升级的经济学理论基础涵盖多种经典和现代理论，从结构调整、技术进步到全球价值链参与等多个层面揭示了产业升级的内在逻辑。在数字经济和全球化持续深化的背景下，这些理论仍在不断演进，为经济学界和政策制定者提供新的洞见。

1.2 产业升级与科技创新的互动关系

在产业升级的过程中，科技创新是不可或缺的核心驱动力，而产业升级的需求反过来又进一步刺激了科技创新的方向与深度。两者之间是一种相辅相成、相互促进的动态互动关系。科技创新为产业升级提供了技术基础、生产工具和效率提升的手段，同时，产业升级对科技创新提出了具体的应用场景、市场需求和目标指引。正是这种双向驱动机制，使得经济体能够不断优化资源配置、提高生产率，并在全球价值链中攀升至更高位置。

1.2.1 科技创新为产业升级提供技术支撑

科技创新为产业升级提供了技术支撑，这是两者关系中最为直接的体现。从历史经验看，每一次重大科技突破都会推动产业结构的调整，并开启新的经济增长阶段。以工业革命为例，蒸汽机的发明使得传统手工业逐步被机械化生产取代，促进了纺织、钢铁等现代工业部门的兴起。电力技术的推广进一步推动了第二次工业革命，电气化生产方式不仅提高了工业效率，还促进了服务业的扩张。

而在当代，以信息技术和人工智能为代表的新兴科技正在重塑全球产业版图。科技创新通过引入颠覆性技术，推动传统产业转型升级，为新兴产业的诞生奠定了基础。例如,物联网技术的普及使得制造业向智能化方向转变，传统的流水线生产模式逐渐被数字化、网络化的智能制造系统取代。这种技术支撑不仅提升了单个企业的生产效率，也通过产业链的协同创新，推动整个行业迈向更高端的发展阶段。

1.2.2 产业升级为科技创新提供土壤和市场环境

产业升级为科技创新提供了丰沃的应用土壤和市场环境。科技创新的价值最终体现在其对经济活动的实际贡献，而产业升级为技术的转化和应用提供了舞台。例如，随着制造业向高端化和智能化转型，对自动化设备、工业软件和机器人技术的需求显著增加，这种需求直接推动了相关领域的科技研发投入和技术突破。同样，在服务业升级过程中，消费者对便利性、个性化和体验感的需求驱动了金融科技、电子商务和虚拟现实等技术的发展。可以说，产业升级为科技创新指明了方向，使得技术研发能够更有效地满足实际需求，从而形成经济效益和社会价值。

1.2.3 创新成果

科技创新与产业升级的互动关系还体现在创新成果的扩散与应用过程中。许多科技创新最初并不是为了直接推动某一特定产业升级而产生的，而是在技术扩散和跨领域应用的过程中，通过与产业需求的结合实现了价值创造。例如，大数据技术最初是为了解决互联网领域的数据存储和处理问题，但随着这一技术逐步成熟，其应用范围迅速扩展到零售、医疗、教育和交通等多个领域，为这些传统产业的升级提供了技术支持。同样，人工智能技术不仅提升了制造业中的自动化水平，还通过智能客服、精准营销等方式，促进了服务业的转型发展。这种技术扩散与产业升级的互动过程，体现了科技创新的跨界融合特性，也说明了产业升级在推动技术应用和深化创新方面的重要作用。

1.2.4 竞争格局与价值链结构重塑

此外，科技创新还通过重塑竞争格局和价值链结构，为产业升级带来深远影响。在全球化背景下，产业竞争不仅局限于产品价格和质量的比拼，更体现在技术能力和创新水平的较量上。拥有核心技术的企业和国家能够通过技术壁垒和知识产权保护，占据价值链的高端环节，从而在全球竞争中掌握主动权。例如，在半导体产业中，掌握芯片设计和制造核心技术的企业往往占据产业链的最大利润份额，而依赖于代工和装配的企业则面临较低的附加值。

通过科技创新实现技术突破，推动产业向高附加值环节转型，是许多国家和企业实现产业升级的重要战略。反之，产业升级的需求也引领了技术研发的方向。例如，在新能源产业中，电动汽车的普及对动力电池技术提出了更高要求，这种市场需求反过来刺激了储能技术的进步，从而进一步推动了新能源产业的快速发展。

1.2.5 政策与制度的影响

产业升级与科技创新的互动关系还受到政策和制度的深刻影响。政府在这一过程中扮演着重要角色，通过科技政策和产业政策的协同作用，引导技术研发与产业发展的方向。例如，政府通过设立技术研发基金、制定技术标准和提供税收优惠等方式，支持关键技术的研发和产业化应用。同时，通过产业补贴、人才引进和国际合作等手段，促进科技创新成果向产业化的转化。

以中国为例，“中国制造 2025”战略明确提出以智能制造为主攻方向，推动制造业向高端化、智能化和绿色化转型。在这一战略支持下，人工智能、5G 通信和新能源技术等领域的科技创新与产业升级实现了深度融合，形成了技术驱动产业发展的良性循环。

科技创新与产业升级的互动关系仍然是推动经济发展的关键动力。在全球竞争日益激烈的背景下，如何通过技术引领产业升级、通过产业需求促进技术突破，已成为各国经济政策的核心议题。从技术研发到产业应用，从市场需求到政策支持，这种互动关系呈现出多层次、多维度的特点，推动着经济体在全球化和数字化浪潮中不断实现自我革新和跃升。

1.3 科技创新在产业升级中的核心作用

在产业升级的过程中，科技创新一直占据着核心地位。无论是推动传统行业的效率提升，还是催生新兴产业的诞生，技术进步都是产业转型和结构优化的重要动力。与资本、劳动力、土地等传统生产要素不同，科技创新具有较强的外部性、渗透性和累积性，能够通过提升生产效率、优化资源配置和推动创新创造，为产业升级提供持续的内生动力。在科技快速发展的背景下，科技创新的作用不仅体现在单一企业的生产活动中，更通过产业链和价值链的重塑，深刻影响了经济和社会的整体发展。

1.3.1 推动产业转型升级

科技创新首先通过提升生产效率，推动传统产业实现转型升级。在传统的生产体系中，效率的提高主要依赖于资本和劳动力的规模化投入。然而，随着要素成本的上升和边际收益的递减，这种扩张型增长模式面临瓶颈。科技创新的引入则为突破这一瓶颈提供了可能。通过技术创新，企业可以优化生产流程、提升设备自动化水平，从而在不增加额外要素投入的情况下实现效率的显著提升。例如，在制造业领域，工业机器人和智能制造技术的应用使得生产环节的自动化程度大幅提高，不仅降低了对人工的依赖，还提升了产品质量的稳定性和一致性。德国工业 4.0 战略就是技术驱动制造业升级的典型案例。通过将物联网、大数据和人工智能等新兴技术融入生产体系，传统制造业实现了向高端化、智能化和个性化生产的转型。

1.3.2 催生新兴产业

科技创新还通过推动新产品和新服务的创造，催生了大量新兴产业。在全球产业竞争加剧和消费需求多样化的背景下，传统产业的升级往往伴随着新兴技术的突破和应用。这种技术驱动的产业创新不仅提升了经济的整体附加值，还为就业增长和市场拓展提供了新的方向。例如，新能源技术的突破催生了电动汽车产业，智能手机的普及带动了移动互联网的蓬勃发展，而人工智能技术的成熟则推动了智能家居、无人驾驶和医疗影像识别等新兴领域的快速增长。这些新兴产业的出现不仅丰富了经济结构，还通过技术扩散和产业链协同的方式，为其他相关产业的升级提供了动力。

1.3.3 优化资源配置效率

科技创新在产业升级中的核心作用还体现在对资源配置效率的优化上。传统的资源配置方式往往依赖于市场价格信号和行政指令，在很多情况下容易造成资源浪费和低效利用。而技术进步则通过数据分析和算法优化，帮助企业和行业实现资源的动态配置和精准调度。例如，在物流产业中，大数据和人工智能技术的应用使得货物运输的路径规划更加高效，减少了空驶率和能源消耗；在农业领域，精准农业技术通过传感器和卫星数据对土壤、气候和作物生长状况进行实时监测，大幅度提高了农业生产的资源利用率。这种技术驱动的资源优化不仅降低了生产成本，还缓解了资源和环境的压力，为产业升级创造了更加可持续的条件。

1.3.4 提升经济体系运作

科技创新的作用不仅体现在单一企业或行业内部，还通过对产业链和价值链的重塑影响了整个经济体系的运作。在全球化的背景下，产业竞争的焦点已经从单一企业的市场表现转向整个价值链体系的协同效率。科技创新通过促进产业链的整合和价值链的延伸，使企业和国家能够在全球竞争中占据更高的附加值环节。例如，在电子信息产业中，掌握芯片设计和制造核心技术的企业往往占据价值链的顶端，而技术能力较弱的企业则只能从事组装或代工等低附加值环节。通过技术升级，企业可以逐步向研发、设计和品牌建设等高端环节攀升，从而提升其国际竞争力。类似的现象也出现在生物医药、航空航天和新能源等高技术产业。通过技术驱动，产业链的上下游协作更加紧密，价值链的整体收益也得到了显著提升。

与此同时，科技创新在产业升级中的核心作用也带来了显著的外部性效应。技术进步往往不仅惠及单一产业，还通过技术扩散和跨行业应用对整个经济体系产生深远影响。例如，5G 通信技术的突破不仅推动了通信设备制造业的升级，还为智慧城市、工业物联网和自动驾驶等多个领域提供了技术支持。同样，区块链技术的应用虽然最初集中在金融领域，但其去中心化和数据安全的特性已经逐步被物流、医疗和版权保护等行业采纳。这种技术的跨界融合和扩散效应进一步放大了科技创新在产业升级中的作用，使得技术进步成为推动经济系统整体优化的关键力量。

1.3.5 面临的挑战

科技创新在促进产业升级的过程中也面临一些挑战。首先，是技术获取与应用的不平衡问题。在全球范围内，发达国家和技术领先企业通常掌握着核心技术的主导权，而发展中国家和中小企业在技术创新能力和资源配置方面相对薄弱，这种技术上的不平衡容易导致产业升级的不均衡。例如，在高端制造业中，核心零部件和关键材料的技术往往集中在少数发达国家，这使得许多发展中国家难以实现产业链向高端环节的攀升。

其次，是技术应用的社会适应性问题。技术进步虽然能够提升生产效率，但也可能带来劳动力市场的结构性失衡。例如，自动化技术的普及在降低生产成本的同时，也对低技能劳动者的就业机会造成了冲击。这种技术驱动的就业结构调整需要通过政策干预和社会保障措施加以缓解。

最后，科技创新在产业升级中的核心作用还依赖于制度环境和配套政策的有效支持。技术创新的落地需要良好的知识产权保护机制、完善的成果转化体系以及充足的研发资金支持。例如，美国通过完善的知识产权保护和风险投资体系，形成了强大的技术创新生态，为产业升级提供了源源不断的技术动力。同样，中国近年来通过加强科研投入和成果转化机制建设，也在多个高技术领域取得了显著突破。这表明，科技创新的作用不仅取决于技术本身的先进性，还与制度环境和政策支持密切相关。

科技创新作为产业升级的核心动力，通过提升效率、催生新兴产业、优化资源配置和重塑价值链，为全球经济结构的调整和优化提供了重要支撑。在技术快速迭代和产业竞争日益激烈的背景下，如何通过技术进步实现更高质量、更可持续的产业升级，成为各国和企业需要共同面对的关键课题。

1.4 经济周期与产业升级的关系

经济周期是指经济活动在总体水平上的周期性波动，表现为扩张、繁荣、衰退和萧条四个阶段的交替循环。这一周期性波动不仅影响着短期的经济表现，还深刻塑造着产业结构和技术变迁的长期路径。

产业升级作为经济发展中的重要动态过程，与经济周期之间存在着复杂而密切的关系。一方面，经济周期的波动为产业升级提供了不同的发展环境和动力；另一方面，产业升级作为经济结构优化的核心内容，也是应对经济周期波动、实现经济复苏和长期增长的重要方式。两者之间的互动构成了经济发展过程中技术进步与结构调整的关键机制。

1.4.1 经济周期对产业升级的推动

经济周期通过技术创新的节奏和扩散影响产业升级的路径。在繁荣期，新技术的研发和应用通常以较快的速度推进，为产业升级提供强劲动力。例如，在 20 世纪 80 年代的经济繁荣期，信息技术的突破性进展推动了全球制造业的自动化转型。然而，新技术的扩散和普及需要经历一定的时间，这种技术扩散往往在经济周期的低谷期得以加速。由于衰退期的企业普遍面临成本压力，它们更倾向于采用节约成本的新技术，从而促进了技术的广泛应用。例如，在 2008 年金融危机后，许多企业加速采用自动化和数字化技术，以应对劳动力成本的上升和市场的不确定性。这种技术扩散不仅推动了生产效率的提升，还为下一轮经济扩张奠定了产业基础。

1.4.2 经济周期对产业升级的抑制

经济周期与产业升级的关系并非总是正向的。在某些情况下，经济周期的波动可能会对产业升级产生抑制作用。例如，在衰退期，企业由于资本短缺和市场萎缩，可能会减少研发投入，从而延缓技术创新和产业升级的进程。此外，经济扩张期的过度乐观也可能导致资源错配，使得资本流向低效率的产业，而非推动高质量的升级转型。这些问题表明，经济周期与产业升级的互动关系并非单向线性的，而是受到多种因素的共同影响，包括技术进步、市场需求、政策环境和企业行为等。

第二节 科技创新驱动产业升级

产业升级是一个国家或地区经济结构优化、竞争力提升的关键过程，其核心表现为产品从低附加值向高附加值的转变，产业链的创新与升级，生产工具和设备的升级换代。

2.1 产品结构升级：高附加值产品的形成

在产业升级的过程中，产品结构升级是最为直观和关键的表现形式之一。它不仅反映了产业从低端向高端迈进的趋势，也体现了经济体在全球价值链中的地位和竞争力。高附加值产品的形成是产业升级的核心路径，也是企业和国家提升竞争力的重要抓手，产品结构升级代表着产业结构的升级。科技创新作为核心驱动力，贯穿于高附加值产品形成的每一个环节，为产业升级提供了源源不断的动力。通过技术进步、研发创新和设计优化，企业能够不断提高产品的技术含量、品牌价值和市场竞争力，从而在经济和产业转型中占据更优位置。

2.1.1 高附加值产品形成基础

高附加值产品的形成首先依赖于技术的突破和创新能力的提升。在传统产业中，低附加值产品往往生产过程简单、技术门槛较低，大量依靠廉价劳动力和资源投入来维持竞争力。当前，低成本优势难以长期维持，企业必须通过技术创新提升产品的核心竞争力。这种从低技术含量的代工生产向高技术含量核心产品的转型，是产品结构升级的关键步骤。

2.1.2 高附加值产品形成原因

新的技术突破和市场需求催生了新兴产业，新能源、人工智能、生物医药等战略性新兴产业带来高附加值产品。新兴产业逐渐成为经济增长的新引擎。它们的发展不仅带动了相关技术的创新和进步，还吸引了大量的人才和资金，促进了产业结构的多元化。首先，是产业价值链攀升，从低端加工制造（如服装、玩具等）转向高端制造（如芯片、精密仪器等）和知识密集型服务业（如研发设计、金融等）；其次，是服务业升级，生产性服务业（如物流、咨询、信息技术服务等）快速发展，推动制造业与服务业的融合（如“制造 + 服务”模式）。

高附加值产品的形成还需要对产品功能和性能进行深度优化，以满足消费者日益多样化和高品质的需求。智能手机市场中，苹果公司之所以能够始终占据高端市场的主导地位，不仅因为其在硬件和软件技术上的突破，还因为其对用户体验的极致追求。从硬件性能的提升到系统生态的构建，再到外观设计的精益求精，苹果产品的高附加值是多种创新要素共同作用的结果。

2.1.3 塑造品牌价值

品牌价值的塑造也是高附加值产品形成中的重要一环。消费者对品牌的认知和信任往往决定了产品的溢价能力，这种品牌价值需要长期的技术积累和市场运营。宝马和奔驰等品牌通过技术创新、设计优化和品牌营销，将产品的附加值与其技术实力和品牌形象紧密结合，形成了不可替代的竞争优势。在这一过程中，科技创新不仅是产品升级的技术支撑，也是品牌价值长期积累的重要因素。

2.1.4 延长生命周期、拓展市场空间

通过持续的技术改进和服务创新，企业可以延长产品的生命周期，为产品开辟全新的市场空间，从而增强其市场竞争力。波音和空客在民用航空领域，通过不断改进飞机的燃油效率、舒适性和安全性，使

其相关机型能够在市场中长期保持竞争力。新能源汽车的崛起不仅依赖于动力电池技术的突破，还凭借智能驾驶技术、车联网技术的结合为汽车产品创造新的附加值。这种通过科技创新延长产品生命周期和拓展市场空间的方式，已经成为产品结构升级的重要路径。

2.1.5 产业链上下游的协同创新

在现代经济中，产品的价值通常由多个环节共同创造，从原材料的供应到最终的市场销售，每个环节的技术水平和协同能力都影响着产品的附加值。例如，在半导体行业，要实现高附加值芯片的生产，不仅需要设计企业掌握先进的芯片架构技术，还需要制造企业拥有顶尖的工艺水平，同时依赖于材料供应商提供高纯度的硅片和其他关键材料。通过产业链上下游的协同创新，企业可以在更高层次上实现资源整合和效率提升，从而为高附加值产品的形成提供全面支持。

2.1.6 结合数字化和智能化技术

这些技术不仅能够提升产品本身的附加值，还能够通过数字化服务延长产品的价值链。例如，在传统的家电行业中，许多企业通过引入物联网技术，将普通的家电产品升级为智能家居设备，使其能够与用户的移动设备和家庭网络无缝连接，从而大幅提升了产品的市场价值。同样，在工业装备领域，智能化技术的应用使得传统机械设备能够实现远程监控、预测性维护和数据分析，从而为客户提供更高价值的服务。这种基于数字化和智能化的产品升级不仅增加了产品的功能，也使得企业能够通过服务创新实现更高的附加值。

2.2 生产工具升级：从传统设备到智能化设备

在产业升级的过程中，生产工具的升级始终是提升生产效率和优化产业结构的重要环节。从传统机械设备到现代智能化设备的演进，生产工具的升级不仅推动了生产模式的深刻变革，也成为科技创新与产业转型融合的典型体现。生产工具的变革贯穿工业发展的每一个阶段，而智能化设备的崛起则标志着新一轮工业革命的到来。通过技术的深度赋能，生产工具正从单一功能的机械化工具转变为具备感知、分析和决策能力的智能化系统，这一变化为产业升级注入了强大的推动力。

2.2.1 生产的灵活性和效率得到大幅提高

传统设备的应用始于工业革命时期，其核心特征是以机械化替代人力劳动，通过蒸汽机、电动机等技术驱动生产工具，实现了生产效率的显著提升。20 世纪中后期，引入电子控制技术和传感器，实现了部分生产环节的自动化操作，生产效率和产品质量得到显著提升。

智能化设备的兴起是生产工具升级的重要里程碑。与传统设备和自动化设备不同，智能化设备通过融合人工智能、大数据和物联网等技术，具备了感知环境、分析数据、优化决策和自主执行的能力。这种技术赋能使生产工具不再局限于完成单一任务，而是能够根据生产环境的实时变化动态调整工作方式，从而大幅提高生产的灵活性和效率。在智能化设备的支持下，生产模式从传统的规模化、标准化逐步向个性化、定制化转型。例如，在汽车制造行业，智能化设备通过机器人与生产线的协同工作，可以实现从零部件加工到整车组装的全流程智能化操作，同时根据客户需求灵活调整生产工序和产品规格。

2.2.2 数字化和网络化得到推进

智能化设备的应用还推动了生产过程的全面数字化和网络化。通过嵌入传感器和通信模块，智能化设备能够实时采集生产数据，并通过物联网平台实现设备之间的数据共享和协同优化。这种互联互通的能力使得生产工具不再是孤立的个体，而是融入了一个高度协作的生产网络。例如，在智能工厂中，所有的生产设备都可以通过中央控制系统进行实时监控和调度，不仅提高了资源的利用效率，还显著提升了生产流程的透明度和可控性。通过对生产数据的深度分析，智能化设备还可以优化资源配置和作业调度，从而为企业带来更高的经济效益。

2.2.3 预测性维护方式的转变

在智能化设备推动下，预测性维护成为生产工具管理的重要变化。传统设备的维护通常采用定期维护或故障后修复的方式，这种模式容易导致资源浪费和生产中断。而智能化设备通过实时监测自身运行状态，能够提前识别潜在的故障风险，并提供优化的维护计划。例如，智能化数控机床可以通过传感器监测刀具的磨损情况，并在刀具性能下降时发出更换提醒，从而避免因刀具失效导致的加工质量问题。预测性维护不仅提升了设备的运行可靠性，还降低了维护成本和生产损失，进一步增强了企业的竞争力。

2.2.4 促进绿色生产

智能化设备的升级还为绿色生产提供了技术支持。在传统生产模式中，高能耗和高污染是难以避免的问题。而智能化设备通过优化能源利用和减少资源浪费，有效缓解了生产活动对环境的压力。例如，在钢铁制造业中，智能化设备可以通过实时监控和调整高炉的温度和氧气供给，实现生产过程中能源的精准使用，大幅降低了能源消耗和碳排放。同样，在农业领域，智能化设备通过精准农业技术，优化肥料、水资源和农药的使用效率，不仅提高了农业生产的可持续性，还保护了自然生态环境。

生产工具从传统设备向智能化设备的转型，体现了科技创新在产业升级中的核心作用。这种转型不仅仅是生产工具性能的提升，更是生产模式、组织方式和产业结构的全面变革。通过技术的深度融合，智能化设备推动了生产效率的提升、资源的优化配置和环境的可持续发展，为现代产业的高质量发展提供了重要支撑。在未来，随着人工智能、物联网和5G通信技术的进一步发展，智能化设备将在更多领域展现其强大的潜力，推动全球产业迈向更加智能和高效的新时代。

2.3 产业链协同创新与价值提升

协同创新已成为推动产业升级和价值提升的重要手段。特别是在产业链的上下游环节中，单一企业或单一技术的突破已不足以支撑复杂市场的需求变化和竞争压力。产业链协同创新通过整合各个环节的资源和能力，打破技术、市场与组织之间的壁垒，不仅能够提高整体效率，还能创造出新的价值点，为产业链上的所有参与者带来长期竞争优势。本节将从协同创新的内涵、驱动力、实践路径以及对价值提升的具体作用等方面，系统论述产业链协同创新的意义和实践。

2.3.1 产业链协同创新的内涵

产业链协同创新是指产业链中各个环节的参与者，包括供应商、制造商、分销商、服务商以及科研机构，通过共享资源、技术互补和共同开发，协同开展创新活动。这种创新模式不同于单一企业的自主创新，而更多强调上下游企业之间的协同合作，以及跨组织和跨领域的资源整合。

协同创新的核心在于"协同"与"创新"的结合。协同是指产业链各主体在目标上的一致性和行动上的协调性；创新则是指通过协同开发新技术、新产品、新模式或新服务，从而提升整体竞争力。这一模式的关键在于通过信息共享、风险共担和收益分配机制的优化，突破单一主体在技术开发、市场进入以及资源获取等方面的限制，从而实现"1+1 ＞ 2"的效果。

例如，在汽车产业链中，整车制造商需要与零部件供应商、软件开发商以及分销渠道紧密合作，通过协同创新实现电动汽车、智能驾驶技术和车联网技术的快速发展。特斯拉作为产业链协同创新的典范，不仅与电池供应商松下（Panasonic）合作开发高性能锂电池，还通过与软件公司合作提升自动驾驶算法，从而在新能源汽车市场中占据领先地位。

2.3.2 产业链协同创新的驱动力

首先,市场需求的复杂化是协同创新的重要驱动力。在全球化和个性化消费趋势的背景下，消费者对产品的需求日益复杂，单一企业难以在短时间内独立开发出满足市场需求的产品。因此，企业需要与上下游合作伙伴协同开发，以缩短研发周期并提高产品质量。例如，在消费电子领域，苹果公司通过与芯片供应商、代工厂、软件开发商的协同合作，快速推出满足消费者需求的高端产品。

其次，技术跨界融合推动了协同创新的必要性。随着技术复杂度的增加，单一技术或学科的突破已无法满足现代产业发展的需要。例如，新能源汽车的核心技术不仅包括传统的机械制造，还涉及电池化学、电子控制、人工智能等多个领域。产业链协同创新通过整合不同领域的技术资源，为新兴产业的发展提供了可能性。

最后，政策支持与产业联合体的兴起也为协同创新提供了推动力。许多国家通过制定产业政策和资助产业联盟，鼓励企业、科研机构和高校之间的协同合作。例如，中国通过“国家技术创新工程”支持产业链协同创新，推动了高铁、光伏、5G等领域的快速发展。

2.3.3 产业链协同创新的实践路径

产业链协同创新的实现需要从以下几个实践路径入手:

(1) 构建开放式协同平台

夯实产业链协同创新的基础设施，通过数据共享、知识交流和资源整合，促进上下游企业之间的合作。例如，制造业中的工业互联网平台通过物联网技术将供应商、制造商和分销商连接在一起，实现了生产和物流的信息共享与实时优化。西门子的Mindsphere平台是一个典型案例，通过整合工业设备和生产数据，帮助企业优化生产流程并提高协同效率。

（2）推动联合研发与技术共享

联合研发是产业链协同创新的重要形式，通过上下游企业和科研机构的联合攻关，解决关键技术瓶颈。例如，在半导体行业，台积电与多家芯片设计公司合作开发了先进的制程技术，通过联合研发推动了芯片性能的持续提升。此外，技术共享也在协同创新中发挥了重要作用，例如开放源代码软件（如 Linux 系统）通过共享技术成果，促进了整个 IT 产业链的创新发展。

（3）建立高效的利益分配机制

协同创新的成功离不开合理的利益分配机制。通过明确风险共担和收益共享的规则，可以增强产业链各主体参与协同创新的积极性。例如，丰田汽车在与零部件供应商的协同创新中，通过长期稳定的合作关系和合理的利润分配机制，确保了供应链的高效运转和技术的持续改进。

（4）加强政策引导与产业联盟建设

政府政策和产业联盟在促进协同创新中发挥了重要作用。例如，欧盟通过“地平线 2020”计划支持跨国企业和研究机构之间的协同创新，推动了多个行业的技术突破。此外，产业联盟作为行业内企业之间的合作平台，可以有效整合资源并降低创新成本。例如，5G 技术的标准制定过程中，华为、高通、爱立信等企业通过全球产业联盟共同推动技术研发和标准化。

2.3.4 协同创新对价值提升的作用

产业链协同创新不仅提高了技术开发与产品生产的效率，还通过以下几个关键途径实现了产业链的价值提升：

（1）提升技术创新能力

协同创新通过整合产业链上下游的技术资源和研发能力，能够显著提升技术创新的效率与质量。例如，航空产业链中，波音公司与多家供应商合作开发新型复合材料和航空电子系统，大幅提高了飞机的燃油效率和性能。

（2）增强产业链的韧性与灵活性

在面对市场波动和供应链中断等外部冲击时，协同创新能够增强产业链的韧性。例如，在新冠疫情期间，许多汽车制造商通过与零部件供应商的协同合作，迅速调整生产计划并开发替代方案，有效应对了供应链危机。

（3）推动产业链延长与价值链升级

协同创新为产业链的延长和价值链的升级提供了可能性。例如，在新能源领域，协同创新推动了从电池制造到储能系统开发的产业链延长，同时通过技术升级实现了更高的附加值。

（4）催生新兴商业模式

协同创新还催生了共享经济、平台经济等新兴商业模式。例如，阿里巴巴通过构建电商平台，整合了供应商、物流企业和消费者之间的资源，为零售行业带来了全新的商业模式。

2.3.5 协同创新的挑战与未来方向

尽管产业链协同创新在价值提升中发挥了重要作用，但其实施过程仍面临一些挑战。例如，产业链各主体之间的利益冲突可能阻碍协同创新的推进，知识产权保护问题也可能限制技术共享的深度。此外，跨国协同创新还需要克服文化差异和政策壁垒。

未来，产业链协同创新将进一步走向智能化和全球化。通过人工智能和大数据技术的应用，协同创新将更加高效和精准；同时，全球化的协同创新网络将进一步促进跨国企业之间的技术合作与资源整合，为产业链价值提升提供更大的空间。

产业链协同创新是推动传统产业升级和新兴产业发展的重要手段。通过开放平台、联合研发、利益分配机制和政策引导，协同创新能够显著提升技术创新能力、增强产业链韧性、推动价值链升级，并催生新的商业模式。尽管面临一些挑战，但在数字化和全球化的背景下，协同创新将成为未来产业链价值提升的核心动力，为经济高质量发展注入持续活力。

第三节　应用研究与装备升级

应用研究和装备升级是产业结构升级的双引擎：前者提供技术可能性，后者实现生产力转化。在数字经济与绿色经济背景下，二者的深度融合将进一步推动产业向智能化、低碳化、服务化方向升级，最终实现传统产业改造、新兴产业集群崛起和全球价值链攀升。

3.1 应用研究在传统产业转型中的作用

应用研究是将基础科学成果转化为实际技术和产品的桥梁，针对特定产业问题开展研究，开发新的技术、工艺和产品。这有助于突破产业发展的技术瓶颈，为产业升级提供核心技术支撑。例如在电子信息产业中，晶体管、集成电路等应用研究成果的出现，使电子产品不断向小型化、高性能化发展，推动了整个产业的升级换代。

3.1.1 催生新兴产业、改变产业结构

通过探索新的技术领域和商业模式，为新产业的诞生创造条件。例如，新能源领域的应用研究使得太阳能、风能等清洁能源产业快速崛起，逐渐改变了传统能源产业结构，推动能源产业向绿色、可持续方向升级。同时，应用研究也能助力传统产业向高端化、智能化、绿色化转型，如传统制造业通过引入先进的智能制造技术，实现生产过程的优化和升级。

3.1.2 提升产品的技术含量和品质

通过引入新技术、新材料、新工艺，企业能够生产出更具竞争力的产品，从而提高产品附加值，获取更高的经济效益。以汽车产业为例，应用研究在汽车安全技术、智能驾驶技术等方面的不断突破，使汽车产品的性能和安全性大幅提升，同时也增加了产品的附加值。建筑产业研究开发新型复合材料，例如自修复混凝土、高性能隔热材料等，提升了建筑材料的性能，推动了绿色建筑的普及，为建筑行业提供了新的竞争优势，也为产业转型注入了强劲动力。

3.1.3 为企业和产业带来差异化竞争优势

在市场竞争日益激烈的环境下，拥有独特的技术和创新产品是企业脱颖而出的关键。通过应用研究，企业可以开发出具有自主知识产权的技术和产品，提高市场份额，增强产业在全球产业链中的竞争力。例如，华为公司在5G通信技术领域的大量应用研究投入，使其在全球5G市场中占据领先地位，提升了中国通信产业的国际竞争力。德国的工业4.0战略就是应用研究与制造业深度融合的典范，它通过引入传感器、云计算和数据分析技术，彻底改变了传统制造业的生产模式，使得定制化生产与柔性制造成为可能。传统煤矿由于设备简陋和技术落后，长期存在资源浪费和安全隐患的问题。通过应用研究，许多矿企引入了智能化采矿技术和自动化设备，大幅提高了煤矿的安全性和开采效率。同时，研究开发出的煤炭清洁利用技术，例如煤气化和液化技术，使得传统化石能源的利用效率大幅提升，并降低了环境污染。

应用研究还为传统服务业提供了效率优化的解决方案。以亚马逊为例，其通过应用研究开发的智能仓储系统Kiva不仅提高了仓库的运作效率，还为传统零售行业提供了创新的物流管理思路。

3.1.4 推动绿色可持续发展

应用研究通过开发绿色技术和清洁生产工艺，为传统产业的低碳转型提供了技术支持。例如，传统化工生产中大量使用高温高压工艺，而通过应用研究开发的新型催化剂，可以在常温常压下实现化学反应，极大地减少了能源消耗。此外，应用研究还推动了废弃物的资源化利用。例如，通过研究废弃塑料的化学回收技术，许多企业实现了废塑料的循环利用，有效缓解了塑料污染问题。在钢铁行业，通过研究氢能在高炉炼铁中的应用，许多钢铁企业正在探索以氢气代替传统的焦炭作为还原剂的可能性。这种技术不仅显著减少了钢铁生产过程中的二氧化碳排放，还为钢铁行业实现碳中和目标提供了路径。

3.1.5 重构传统产业的商业模式

通过研究市场需求变化和新技术的商业化路径，应用研究帮助传统企业开发了与时代需求相适应的新型商业模式。在农业领域，某些应用研究成果使得智能农机设备能够实时监测土壤和气候条件，并通过数据分析为农民提供种植建议。这种模式不仅提高了农业生产效率，还为传统农业注入了现代服务业的基因。在物流行业，通过研究大数据和应用区块链技术，共享物流平台实现了货运资源的高效匹配，整合物流企业资源，开发了智能分拣和配送系统，大幅提高了物流效率，同时为消费者提供了更快捷的服务。在能源行业，应用研究开发的微电网技术能够实现能源的本地生产和自主调配，为偏远地区和工业园区提供了可靠的能源服务。

3.2 装备制造业的智能化升级

装备制造业作为工业体系的核心支柱和国民经济的重要基础，长期以来在推动经济发展、技术进步和产业升级方面发挥了关键作用。然而，随着全球制造业格局的深刻变化，以及新一轮科技革命和产业变革的加速推进，传统的装备制造业正面临高成本、低效率和激烈竞争的挑战。智能化升级成为装备制造业突破瓶颈、提升竞争力和实现可持续发展的必然选择。装备制造业的智能化升级不仅引入了人工智能、物联网、大数据等新兴技术，还推动了制造模式从传统的流水线生产向数字化、网络化和智能化方向转变。本节从智能化升级的内涵、关键技术、典型应用场景及挑战与对策等方面，系统探讨装备制造业的智能化升级路径及其深远意义。

3.2.1 装备制造业智能化升级的内涵

装备制造业的智能化升级是指利用先进的数字技术和智能技术，对装备制造的全生命周期进行优化和重塑，包括设计、生产、物流、销售和服务等环节。智能化升级的核心目标是通过技术创新和流程优化，提升生产效率、产品质量和资源利用率，同时增强企业对市场需求的快速响应能力和个性化服务能力。

智能化升级不仅是技术上的革新，也是制造模式和产业生态的全面重构。传统装备制造业以大规模生产和固定模式为主，而智能化升级后，制造企业可以更灵活地满足市场对定制化、小批量和快速交付的需求。这种转变标志着制造业从“以产品为中心”转向“以客户为中心”的服务型制造模式。

智能化升级的本质是将信息技术与传统制造技术深度融合，通过数据驱动和智能决策，实现全产业链的优化与协同。例如，在设计环节，采用计算机辅助设计（CAD）、虚拟仿真和数字孪生技术，可以大幅缩短产品研发周期；在生产环节，通过引入工业机器人和智能生产线，可以提高自动化水平并降低人工成本；在服务环节，通过设备的远程监控和预测性维护，可以提升产品的服务质量并延长设备使用寿命。

3.2.2 智能化升级的关键技术

装备制造业的智能化升级依赖于多种先进技术的支撑，这些技术相互融合，共同构建了智能制造的技术体系。

（1）物联网（IoT）

物联网是装备制造业智能化的基础技术之一，通过将设备、生产线和管理系统连接起来，实现全流程的数据采集、传输和共享。例如，在生产车间中，传感器可以实时监测设备的运行状态，将数据传输到云端进行分析，从而优化生产流程并及时发现潜在故障。

（2）人工智能（AI）

人工智能为装备制造业的智能化提供了核心算法支持。在质量检测中，AI 图像识别技术可以快速识别产品缺陷；在生产调度中，AI 优化算法可以根据实时数据调整生产计划，提高生产效率；在预测性维护中，AI 算法可以通过分析设备运行数据，预测设备故障并提前采取措施。

（3）数字孪生技术

数字孪生技术是智能制造领域的重要创新，通过在虚拟空间中构建物理设备的数字模型，实现对设备全生命周期的监控、模拟和优化。例如，在飞机制造中，数字孪生技术可以对关键部件进行实时监测，优化维护策略并提升安全性。

（4）大数据与云计算

大数据技术为装备制造业的智能化提供了决策支持，通过对生产数据、市场数据和客户数据的分析，企业可以更准确地预测市场需求并优化生产计划。同时，云计算技术为制造企业提供了高效的数据存储和计算能力，使中小企业也能以低成本实现智能化功能。

（5）工业机器人与智能装备

工业机器人和智能装备是智能制造的重要执行单元，它们可以替代人类完成高强度、高精度或危险性较高的工作。例如，在汽车生产中，焊接机器人可以实现高精度焊接，装配机器人可以完成复杂零部件的装配，从而提高生产效率和产品质量。

3.2.3 装备制造业智能化升级的典型应用场景

智能化升级在装备制造业的多个领域得到了广泛应用，以下是几个典型的场景：

（1）智能生产线

智能生产线通过自动化设备和信息系统的结合，实现了生产过程的自动化、数字化和智能化。例如，德国大众汽车的智能工厂通过部署传感器和工业机器人，实现了从原材料到整车生产的全流程智能化管理，不仅提高了生产效率，还降低了能源消耗。

（2）预测性维护

传统的设备维护通常依赖于定期检查或故障后修复，这种模式效率低且成本高。通过智能化升级，预测性维护利用物联网和人工智能技术，对设备运行数据进行实时分析，预测潜在故障并提前采取措施。例如，GE 的 Predix 平台通过对工业设备的数据分析，为客户提供预测性维护服务，有效减少了设备的停机时间。

（3）个性化定制

智能化升级使得装备制造业能够灵活应对个性化需求，满足客户的小批量定制化订单。例如，耐克的智能生产线通过 3D 打印技术和云计算，实现了鞋类产品的个性化设计和快速生产，为客户提供了高度定制化的产品体验。

（4）供应链协同

智能化升级通过打通上下游企业间的数据链路，实现了供应链的高效协同和资源优化。例如，富士康通过智能供应链平台，将零部件供应商、制造企业和分销商连接在一起，实现了订单、库存和物流的实时协调，大幅提升了供应链的效率。

3.2.4 智能化升级的挑战与对策

尽管智能化升级为装备制造业带来了巨大的机遇，但企业在转型过程中也面临诸多挑战。

（1）技术与人才短缺

智能化升级需要先进技术和高技能人才，但许多企业特别是中小企业面临技术储备不足和人才匮乏的问题。对此，政府和企业需要加强产学研合作，培养智能制造领域的专业人才。

（2）高投入与风险

智能化升级需要大量资金投入，而技术的不确定性增加了投资风险。为此，企业可以分阶段实施升级计划，并积极争取政策支持与产业基金的帮助。

（3）数据安全与隐私问题

智能化升级过程中，生产数据和客户数据的安全性面临威胁。企业需要加强网络安全防护，建立健全数据管理机制，确保信息安全。

装备制造业的智能化升级是传统制造业迈向高质量发展的关键路径。通过人工智能、物联网、数字孪生等技术的应用，智能化升级不仅提升了生产效率和产品质量，还推动了装备制造业的绿色转型和服务化转型。然而，为了更好地实现智能化升级，企业需要克服技术、资金和人才等方面的挑战，加强协同创新和资源整合。未来，随着智能制造技术的不断发展，装备制造业将迎来更多机遇，成为全球产业竞争中的核心力量，为经济的高质量发展提供重要支撑。

第四节　科技成果产业化的成果转化模式

科技成果的产业化是科技创新推动经济增长和产业升级的关键环节。成果转化模式将科研机构、大学等知识创新主体开发的科技成果转化为市场应用的产品或服务，不仅能够提升企业的竞争力，还能推动产业结构优化和技术升级。成果转化模式作为连接科技创新与产业发展的桥梁，决定了科技成果产业化的效率与成效。随着经济全球化和技术进步的深入发展，成果转化模式逐步从单一化向多元化演变，不同模式在不同应用场景下展现出独特的优势和特性，构成了科技成果产业化的多维路径。

4.1 科技成果产业化的基本模式

不同成果转化模式的选择与应用，应该以构建从实验室到市场的完整路径、高效实现科技成果产业化为目标，具体根据科技成果的特性、产业化的阶段以及市场需求的具体情况而定。在基础性研究成果的转化中，技术许可和合作开发模式更为适用；应用性技术成果，孵化模式和投融资机制则能够提供更强的市场导向；技术联盟和国际成果转化模式在推动行业标准化和全球化应用方面具有显著优势。

4.1.1 基于许可协议的成果转化模式

这种模式主要面向成熟的技术成果。科研机构或高校在完成技术开发后，可以通过签订技术许可协议，将技术的使用权授予企业，从而实现技术的商业化应用。这种模式的核心在于技术的独占性和知识产权保护，企业通过获得技术许可，可以在一定时期内独享技术应用的市场收益，而研发机构则通过许可费用或分成收益获取经济回报。例如，全球医药行业中，许多新药的核心技术最初由高校实验室或科研机构开发，随后通过技术许可协议转移至制药企业进行大规模生产和市场推广。

4.1.2 技术合作开发模式

科研机构与企业在技术开发的早期阶段就建立合作关系，共同投入资源进行技术研发和应用。这种模式的特点是科研机构的基础研究能力与企业的市场开发能力深度结合，在技术从实验室阶段向产业化阶段过渡时，可以避免技术与市场需求脱节的问题。例如，德国的“弗劳恩霍夫模式”就是技术合作开发模式的典型代表。弗劳恩霍夫协会通过联合企业进行应用性研究，针对企业具体需求开发定制化技术解决方案，并通过专利授权或技术移交帮助企业实现产业化。这种模式不仅能够提升成果转化的效率，还能推动科研机构的研究方向更加贴近市场需求，形成科研与产业相互促进的良性循环。

4.1.3 技术孵化模式

建立科技孵化器，将科研成果转化为具有商业价值的初创企业，是实现科技成果产业化的重要方式，也是近年来成果转化领域的重要创新路径之一。科技孵化器为技术创业团队提供办公空间、资金支持、管理咨询和市场对接等服务，帮助科研人员将技术构想转化为实际产品或服务。例如，美国硅谷的许多科技企业最初都是通过孵化器完成从技术构想到商业化应用的过渡。孵化模式的核心在于为成果转化提供全方位支持，使得科技成果不仅能够完成技术转化，还能形成具有市场竞争力的新兴企业。这种模式在推动新兴产业发展、加速技术创新扩散方面发挥了重要作用。

4.1.4 专利池和技术联盟模式

专利池是指将多个技术相关方的专利组合在一起，形成一组可供企业使用的技术集合。在许多高技术领域，单个技术成果往往难以独立形成完整的产业链，因此需要通过整合多个技术和资源实现协同创新。企业通过加入专利池，可以获得使用这些专利的权利，从而降低技术获取成本和知识产权纠纷的风险。例如，国际电信领域的 3G 和 4G 标准中，大量核心技术专利通过专利池进行整合，为通信企业开发产品提供了便捷的技术支持。在新能源汽车领域，全球主要汽车制造商与电池供应商组建技术联盟，共同开发电池技术和充电标准，为行业发展奠定了技术基础。

4.1.5 投融资机制

投融资机制在成果转化中的作用不仅体现在通过风险投资、产业基金和技术转化专项资金支持上，还通过投资方的资源整合能力，帮助企业对接市场资源和产业链上下游，推动技术成果的快速产业化，对早期技术和成果转化非常关键。例如，全球领先的电动汽车制造商特斯拉早期便通过投资机构的资金支持，将其电池技术和电动汽车理念转化为实际产品，并迅速占领市场。

4.1.6 国际成果转化模式

技术的跨境流动，不仅推动了技术全球化应用，也为本地产业升级和经济增长注入了新动力。通过国际合作、技术引进和联合研发等形式，不同国家和地区的技术资源得到高效配置。例如，中国在引进国外先进技术的同时，通过国内企业的消化吸收和再创新，实现了技术的本土化应用和产业化升级。在航空、轨道交通和高端装备制造等领域，国际成果转化为中国企业追赶全球技术前沿提供了重要契机。

4.2 科技成果产业化的组织结构与机制

科技成果产业化率和效果在很大程度上取决于组织结构与运行机制的科学设计。合理的组织结构提供了科技成果产业化的基础框架，而高效的运行机制则确保了转化过程的顺畅。

4.2.1 科技成果产业化的主要组织结构模式

科技成果产业化的组织结构多样化，主要包括政府主导型、市场导向型、产学研协同型和混合型等模式。政府主导型结构中，政府通过科技部门、产业政策和财政支持引导科技成果产业化方向；市场导向型结构则主要由企业牵头，根据市场需求选择和引进科技成果；产学研协同型结构注重学术机构、研究单位与企业间的紧密合作；混合型结构则整合了前述模式的优势，形成了更为灵活的组织结构。

以企业为主体的转化结构是当前主流模式，这种结构将企业置于科技成果产业化的核心位置，通过自主研发、技术引进、产学研合作等方式获取技术，并负责转化和市场化。企业内部一般设立研发部门、成果转化中心或创新管理办公室等专门机构，形成从技术引进、消化、吸收到再创新的完整链条。如华为公司建立了“2012 实验室”负责前沿技术研究，并通过产品线将研究成果快速产品化。

科研院所和高校的成果转化机构是另一重要组织形式。这类机构包括成果转化中心、产学研合作办公室、科技园区等，专门负责将科研成果与市场需求对接，提供知识产权管理、成果评估、技术经纪等专业服务。美国斯坦福大学技术许可办公室（OTL）通过专业化运作，成功促成了上千项专利技术转化，孵化了包括 Google、Sun 等在内的知名企业。

中介服务组织对于打通科技成果产业化的“最后一公里”具有独特作用。这些组织包括技术交易市场、科技咨询机构、风险投资公司、孵化器等，通过专业化服务降低信息不对称，促进技术与资本、市场的有效对接。中国技术交易所、各类科技成果交易会等平台，为技术供需双方提供了重要的交流场所。

4.2.2 科技成果产业化的运行机制

有效的科技成果产业化机制是组织结构发挥作用的保障。市场导向机制确保科技成果对接真实市场需求，避免“盲目创新”和“无用创新”。这一机制要求研发活动从市场需求出发，通过市场调研、用户反馈和竞争分析确定技术方向，以提高成果转化的商业价值和成功率。德国弗劳恩霍夫应用研究协会（Fraunhofer-Gesellschaft）通过与企业紧密合作，确保研发项目始终面向实际应用需求，其 30% 以上经费来自企业委托项目。

激励约束机制是调动科技人员积极性的关键。合理的利益分配机制可大幅提升科研人员参与成果转化的热情。《中华人民共和国促进科技成果转化法》修订后，明确规定科研人员可获得不低于 50% 的转化收益，这极大激发了科研人员的转化积极性。同时，有效的考核评价机制也在引导科研方向和促进成果转化方面发挥着重要作用。上海交通大学将专利转化成效纳入职称评定和绩效考核，促使科研人员更加关注成果应用价值。

资源配置机制确保科技成果产业化所需的各类资源高效流动和优化配置，这包括人才、资金、设备、信息等要素的协同投入。政府设立的科技成果产业化基金、创业投资引导基金等，有效缓解了成果转化的资金瓶颈；各类人才引进计划则为转化活动提供了智力支持；科技资源共享平台则提高了大型仪器设备的利用效率，降低了转化成本。

产学研协同机制是打通科技创新链条的重要环节。通过建立长期稳定的合作关系，科研机构、高校与企业形成优势互补，实现从基础研究、应用研究到产业化的无缝对接。江苏推行的“企业研发机构—高校科研团队—产业技术创新联盟”三位一体协同创新模式，有效促进了地方特色产业技术升级。

4.2.3 不同主体在科技成果产业化中的角色定位

政府在科技成果产业化中扮演着引导者、支持者和服务者的角色。政府应通过制定战略规划、完善法律法规、提供政策支持和搭建服务平台，为科技成果产业化创造良好环境。深圳市政府设立的科技创新委员会整合了科技、经济、金融等部门职能，形成了高效的科技管理体制；上海张江高科技园区管委会通过“一站式”服务平台，大幅提升了园区企业的科技成果产业化效率。

企业作为科技成果产业化的主体，承担着技术研发、产品创新和市场开拓的核心责任。大型企业通常依靠自身研发中心进行持续创新，同时通过合作研发、技术并购等方式获取外部技术资源；中小企业则更多依赖外部科技资源与服务，通过产学研合作、技术引进等方式提升自身创新能力。华为公司每年将销售收入的 15% 以上投入研发，并建立了全球研发中心网络，形成了强大的技术创新能力。

高校和科研院所是科技创新的源头，主要负责基础研究、应用基础研究和关键技术攻关。随着产学研合作的深入，高校和科研院所也越来越重视成果转化，主动与企业对接需求，共同推进技术研发和转化应用。清华大学设立的“校企联合研究院”模式，通过与行业龙头企业深度合作，形成了从基础研究到产业化的完整创新链条。

金融机构和中介组织在科技成果产业化中发挥着桥梁作用。风险投资、科技银行等金融机构为科技成果产业化提供资金支持;成果转化机构、知识产权服务机构则提供专业化中介服务，降低技术交易成本。深创投集团通过建立“投早、投小、投科技”的投资策略，成功支持了一批科技型企业成长；中国（武汉）知识产权交易中心构建的线上线下结合的交易平台，实现了知识产权的高效流转。

4.2.4 高效科技成果产业化组织的构建策略

构建扁平化的组织架构，减少决策层级，提高对市场变化的响应速度，是科技成果产业化组织的重要策略。小米公司采用的“铁人三项”研发组织模式，将产品经理、设计师和工程师组成紧密团队，大大缩短了产品从概念到上市的周期。

建立专业化的科技成果评价体系，对技术成熟度、市场潜力、转化难度等进行科学评估，是提高转化成功率的关键环节。中国科学院上海分院开发的科技成果评价模型，从技术创新性、成熟度、市场前景等多维度对成果进行量化评估，为转化决策提供了科学依据。

完善科技成果产业化的激励机制，通过股权激励、收益分成、技术入股等多种方式，调动科研人员和管理人员参与转化的积极性。浙江大学实施的“技术股 + 现金股”混合激励模式，使科研人员在成果转化和后续产业化过程中都能获得合理回报，极大促进了成果转化。

构建多元化的科技成果产业化渠道，包括自主转化、许可转让、合作开发、创办企业等，根据不同技术特点和市场条件选择最适合的转化路径。北京大学通过技术转让、专利许可、校企合作和衍生企业等多种方式，形成了灵活高效的成果转化体系。

建立健全风险分担机制，通过科技保险、成果转化风险补偿基金等工具，降低转化过程中的失败风险。上海张江高科技园区设立的科技成果产业化风险补偿资金，为园区企业提供了重要的风险保障，提高了企业承接高校科研成果的积极性。

强化知识产权保护与运用，建立完善的知识产权管理制度，提高专利质量和转化效率。华中科技大学建立的“专利—产品—产业”协同推进机制，通过专利布局引领产品开发和产业培育，实现了知识产权与产业发展的良性互动。

4.2.5 科技成果产业化组织结构与机制的未来发展趋势

随着创新模式的演进，科技成果产业化的组织结构正向网络化、生态化方向发展。创新生态系统将整合高校、科研院所、企业、金融机构、中介服务机构等多元主体，形成协同创新、共享资源、互利共赢的有机整体。北京中关村、深圳南山科技园等创新集群的成功，正是得益于完善的创新生态系统建设。

数字技术驱动的转化模式创新也将成为重要趋势。基于大数据、人工智能的科技成果匹配平台，可实现供需精准对接；区块链技术的应用则有望解决知识产权确权和交易中的信任问题。科技部推动建设的全国技术交易网络平台，通过数据挖掘和智能匹配，极大提高了技术供需对接效率。

科技成果产业化的国际化协作将进一步深化。通过建立国际成果转化中心、跨国联合研发平台等，可实现全球创新资源的有效整合。中国–以色列常州创新园通过引入以色列先进技术，推动了生物医药、智能制造等领域的产业升级。

科技成果产业化与资本市场的融合也将更加紧密。科创板的设立为科技成果产业化提供了直接融资渠道；知识产权证券化等创新金融工具的出现，也为科技成果价值实现提供了新途径。上海证券交易所与张江高科技园区共建的科技创新服务平台，为科技企业上市提供了全流程支持。

科技成果产业化的组织结构与机制是科技创新体系中的重要环节，其效能直接影响着国家创新能力和产业竞争力。通过构建多元协同的组织结构，完善市场导向、激励约束等核心机制，形成各主体优势互补的协作格局，科技成果才能顺利实现从实验室到市场的转化，为经济社会发展提供持续动力。随着创新模式的演进和数字技术的发展，科技成果产业化的组织体系也将不断优化升级，以适应日益复杂的创新环境和市场需求。

4.3 案例分析

科技成果产业化是创新驱动发展的关键环节，其成功路径往往反映了特定创新环境下的制度安排与组织协同。通过分析国内外典型案例，可以为我国科技成果产业化提供有益借鉴和启示。本节选取了不同类型、不同领域的科技成果产业化成功案例，剖析其应用路径与组织模式的特点，来探索其背后的成功逻辑。

4.3.1 政府主导型产业化路径

韩国半导体产业的崛起是政府主导型科技成果产业化的经典案例。20 世纪 80 年代，韩国政府将半导体确定为国家战略产业，通过制订“电子工业振兴计划”，集中资源支持三星、LG 等企业开展技术研发。政府不仅提供资金支持和税收优惠，还组织建立了产业技术研究院，协调产学研合作，攻克关键技术。同时，韩国政府从美国、日本引进人才，派遣学者赴海外学习先进技术，快速提升自主研发能力。这种政府主导、企业主体、产学研协同的模式，使韩国在短短十余年内从半导体技术落后国家跃升为全球领先者，三星电子成为全球内存芯片市场的领导者。

中国高铁技术的产业化同样体现了政府主导的特点。国家通过“引进—消化—吸收—再创新”战略，系统推进高铁技术的自主创新。政府组织中国中车、中国铁建等骨干企业与清华大学、西南交通大学等高校、中国科学院等科研院所协同攻关，建立了完整的技术创新体系。通过国家重大专项支持和市场示范应用，我国高铁技术实现了从跟跑到并跑再到领跑的跨越式发展，形成了完整的知识产权体系和产业链，不仅满足了国内建设需求，还走向了国际市场。这一案例展示了在关系国家战略的重大领域，政府的顶层设计和资源整合能力对科技成果产业化的关键作用。

4.3.2 市场驱动型产业化路径

美国苹果公司的 iPhone 产品开发是市场驱动型产业化的典范。苹果公司并非触摸屏、移动互联网等基础技术的原始发明者，但其通过敏锐的市场洞察力和卓越的集成创新能力，将多项既有技术与自主研发的 iOS 系统完美融合，创造了革命性的智能手机产品。苹果公司建立了“设计在美国、组装在全球”的创新体系，通过全球价值链整合，实现了技术创新与产业化的高效对接。其成功关键在于以用户需求为中心的产品定位、严格的质量控制和强大的生态系统构建能力。iPhone 的成功产业化不仅创造了巨大经济价值，还引领了智能手机行业的发展方向，重塑了移动互联网产业格局。

阿里巴巴的云计算技术产业化则展示了中国企业的市场驱动型创新能力。面对电子商务高峰期系统稳定性挑战，阿里巴巴从自身业务需求出发，投入大量资源研发分布式计算、海量数据处理等关键技术。2009 年阿里云正式成立，将内部技术能力产品化，面向市场提供云服务。通过不断优化技术架构，提升用户体验，阿里云从电商配套服务商扩展到全行业数字化基础设施提供商，成为亚太地区领先的云计算服务商。这一案例体现了企业从市场需求出发，将技术创新与业务发展紧密结合，最终实现了科技成果的高效产业化。

4.3.3 产学研深度融合型产业化路径

德国弗劳恩霍夫应用研究协会（Fraunhofer-Gesellschaft）是产学研融合型产业化的国际典范。作为世界上最大的应用研究机构之一，弗劳恩霍夫应用研究协会下设 70 多个研究所，专注于应用科学研究和技术开发。其独特之处在于“三分之一”资金模式：约 1/3 经费来自政府基础资助，1/3 来自公共项目竞争性资金，还有 1/3 来自企业委托研究。这一模式确保了研究方向与市场需求的紧密结合。协会与大学保持密切合作，研究所所长通常同时担任大学教授，便于吸纳优秀人才；与企业则通过合同研究和联合实验室等形式开展深度合作。弗劳恩霍夫应用研究协会的 MP3 音频压缩技术就是典型的产学研融合成功案例，该技术从基础研究到产业化应用，实现了科学价值与商业价值的双赢。

中国科学院上海微系统所与上海微技术工业研究院合作的“硅片到系统”（S2S）创新链是中国产学研融合的成功实践。微系统所专注于微电子、微系统等领域的前沿技术研究，而微技术工业研究院则侧重于技术产业化和市场应用。二者通过“研究所 + 工业研究院”的模式，构建了从基础研究、应用研发到产业化的完整创新链。在 MEMS 传感器领域，研究团队突破了关键工艺技术，通过工业研究院进行中试放大和产业化推广，最终实现了技术的规模化应用，打破了国外技术垄断。这一模式的特点是建立了科研机构与产业界的“无缝对接”机制，通过专业化分工与系统化协作，有效解决了科技成果产业化的“死亡谷”问题。

4.3.4 创业孵化型产业化路径

以色列的孵化器计划（Technological Incubators Program）是创业孵化型产业化的典型代表。该计划由以色列创新局管理，政府提供种子资金支持高风险技术创业项目，同时引入私人资本参与孵化器运营。孵化器为初创企业提供资金、场地、管理咨询和商业网络等全方位支持，帮助科研人员将技术创意转化为商业产品。项目通常孵化期为两年，其间政府提供最高 85% 的研发经费支持，企业成功后通过特许权使用费方式回馈政府投入。这一模式已成功孵化了超过 1600 家科技企业，其中约 60% 成功获得后续投资，为以色列赢得了“创新国度”的美誉。移动安全公司 Check Point、闪存技术公司 M-Systems 等都是从孵化器中走出的全球知名企业。

深圳的“孔雀计划”展示了中国创业孵化型产业化的创新实践。该计划针对海外高层次人才及其团队，为他们提供创业资金支持、办公场所、人才公寓等“一揽子”服务，帮助科研人员快速实现科技创业。同时，深圳建立了多层次的科技企业孵化体系，从创客空间、孵化器到加速器，形成了创业企业全生命周期的培育链条。大疆创新科技有限公司就是在深圳孵化体系支持下成长起来的典型案例。公司创始人汪滔及其团队在香港科技大学研发无人机技术，通过深圳“孔雀计划”支持在深圳创业，利用当地完善的电子产业链和开放创新环境，迅速将技术优势转化为产品优势，并成长为全球消费级无人机市场的领导者。

4.3.5 开放创新型产业化路径

IBM 的开放创新模式代表了科技巨头的转型路径。面对市场变化，IBM 从封闭式创新向开放式创新转变，通过“全球创新中心”网络与全球高校、科研机构和创业企业合作。公司实施“先发明后应用”战略，将基础研究成果广泛应用于不同领域。其 Watson 人工智能技术从最初的“深蓝”象棋系统发展为应用于医疗、金融、教育等多个产业的智能平台。IBM 通过技术许可、合资公司、战略联盟等多种形式推动技术产业化，形成了研发与市场紧密结合的创新生态。

华为公司“2012 实验室”体现了中国企业的开放创新实践。该实验室作为华为面向未来的研发机构，采取“三级研发”模式：中央研究院负责远期技术研究，产品与解决方案实验室负责中期产品技术研发，工程实验室负责近期产品开发。华为通过全球创新网络，与世界一流大学和研究机构建立联合创新中心，共同开展前沿技术研究。在 5G 技术领域，华为通过开放合作，积极参与国际标准制定，同时面向全行业开放技术和专利，推动了 5G 产业的快速发展。从技术创新到产业应用，华为建立了从基础研究、应用研究到产业化的完整创新链，有效缩短了技术从实验室到市场的转化周期。

科技成果产业化的成功路径多种多样，但其背后都体现了创新主体之间的有效协同和资源优化配置。政府主导型路径适用于战略性产业和关键核心技术领域，通过顶层设计和资源集中，解决市场失灵问题；市场驱动型路径则充分发挥企业的市场敏感性和创新主体的作用，实现技术与市场的精准对接；产学研深度融合型路径通过构建创新链条，打通基础研究到产业应用的通道；创业孵化型路径为科技人员创业提供良好生态，降低创新创业门槛；开放创新型路径则通过全球资源整合和生态构建，实现创新资源的最优配置。不同路径各有所长，只有根据技术特点、产业发展阶段和创新环境特征，选择最适合的产业化模式，才能最大限度地发挥科技成果对产业升级的支撑作用。

第七章　科技催生新产业

科技创新正以前所未有的磅礴之势，催生着形形色色的新产业，为经济发展源源不断地注入全新活力与澎湃动力。科技创新催生新产业的过程，实质上是技术、人才、资金等要素相互交织、协同作用的过程。新的技术突破为新产业的诞生提供了可能性，创新型人才将技术转化为实际的产品与服务，而资金则为技术研发、企业运营与市场拓展提供了必要的保障。同时，新产业的出现又会反过来促进科技创新的进一步发展，形成良性循环。

在未来，科技创新必将继续发挥其核心驱动力的作用，催生更多新兴产业。这不仅将为经济增长创造新的引擎，还将深刻改变人们的生活方式，推动社会朝着更加智能、绿色、健康的方向大步迈进。

第一节　新兴产业的诞生——由前沿科技到产业技术

前沿科技以其创新性、颠覆性和跨学科融合性，正在不断重塑人类社会的技术基础和产业格局。从数字化革命到新能源技术，从生物科技到空间探索，前沿科技催生了众多新兴产业。

1.1 前沿科技的发展趋势

前沿科技是推动社会变革和经济增长的核心动力，也是探索未知领域和突破技术瓶颈的重要手段。它通常指那些具有颠覆性潜力、能够显著改进现有技术或开辟全新领域的科技成果，不仅驱动了传统产业的升级，还催生了新兴产业的诞生。

1.1.1 前沿科技的主要发展趋势

随着全球科技竞争的加剧和技术体系的不断演化，前沿科技的发展呈现出以下几个显著趋势。

（1）以数字化为核心的技术革命不断推进。人工智能、大数据、云计算、物联网等数字技术的快速发展，不仅推动了传统产业的数字化转型，还催生了诸多新兴产业。人工智能技术正在从感知智能向认知智能迈进，生成式 AI（如大语言模型）已经能够生成文字、图像和视频，为内容创作、医疗诊断、教育培训等领域开辟了新的应用场景。

（2）生物科技与精准医疗的快速崛起。其核心驱动力来自对生命科学的深入研究以及医疗需求的快速增长。例如，基因编辑技术通过修复或替代有缺陷的基因，能够治疗遗传病和癌症，甚至实现对人类基因组的优化；合成生物学则通过设计和制造生物系统，为药物开发、生物能源和农业生产提供新的解决方案；再生医学领域的干细胞研究和 3D 打印器官技术，为解决器官移植短缺问题提供可能。

（3）新能源技术的持续突破。从太阳能和风能到储能技术和氢能，新能源技术正在重塑全球能源结构。高效光伏电池的研发大幅降低了太阳能发电的成本，使得清洁能源的普及进一步加速。核聚变技术作为能源领域的终极目标之一，正在全球范围内获得更多的关注和投入。

（4）空间技术正从国家主导逐步向商业化转变。以 SpaceX 为代表的商业航天公司，通过可重复使用的火箭技术，大幅降低了发射成本，为卫星互联网、太空旅游和深空探测打开了市场空间。同时，月球和火星探测计划的推进，不仅丰富了人们对太空的科学认知，还为资源开发和人类殖民奠定了基础。未来，空间技术的发展将进一步推动全球通信网络的建立，并为地球可持续发展提供新的解决方案。

（5）人工智能与量子技术的深度融合，推动计算能力和数据处理的革命性提升。量子计算机能够在极短的时间内解决传统计算机无法处理的复杂问题，这为人工智能算法优化、大数据处理和材料研发提供了新的可能性。例如，谷歌的量子计算研究团队已经实现了量子优越性，展示了量子计算在特定任务中的强大潜力。未来，量子技术将与人工智能深度融合，成为推动科技发展的重要引擎。

1.1.2 从实验室到市场：技术转化的关键环节

技术从实验室走向市场的过程极其复杂，涉及科学、技术、商业和社会等多个维度的协同作用，这个转化过程通常被称为“技术转化”，它是科技创新实现产业化的必由之路，也是科技成果对经济发展和社会进步产生实际推动力的关键环节。技术转化不仅需要解决技术本身的成熟性问题，还需要克服资金、政策、市场等方面的障碍。

（1）技术孵化：从理论到概念的初步验证

技术孵化是技术转化的起点，主要任务是将实验室的科学成果从理论阶段转化为概念验证的技术雏形，属于技术成熟度（TRL）模型中的前期阶段（TRL 1–3）。在这一阶段，科研团队需要完成从科学原理到实验性验证的跨越，确保技术在理论上可行，并初步具备实际市场应用的潜力，预估孵化资金需求。比如，量子计算技术的早期研究阶段，科学家需要验证量子叠加和纠缠的理论是否能够通过实验实现，并开发初步的硬件原型；人工智能技术在早期孵化阶段，研究团队需要明确算法的具体应用场景，如语音识别、图像处理或医疗诊断等领域。由于早期技术的不确定性较大，科研团队通常需要寻求政府基金、风险投资或企业赞助的支持。专业孵化器或大学科技园也在这一阶段发挥了重要作用，为科研团队提供实验室设备、技术指导和商业咨询服务，帮助技术快速完成孵化流程。

（2）技术中试与工程化：从实验室到产业化的关键桥梁

在完成技术孵化后，下一步是将技术从实验室环境推向实际应用环境，这一阶段通常被称为“技术中试与工程化”，这一阶段是技术转化的核心环节，通常对应技术成熟度模型中的中期阶段（TRL 4–6）。

技术中试的主要任务是验证技术在接近实际应用条件下的可行性和稳定性。工程化则是将技术从中试阶段推向大规模生产的过程，重点在于解决技术的可制造性和成本问题。例如，生物医药领域的一种新药物，即便在实验室和小规模试验中表现良好，也可能因为生产过程中难以保证活性成分的稳定性而无法实现大规模制造。为了应对这些挑战，企业通常需要与专业的工程团队合作，通过优化生产工艺、设计自动化生产线等方式，解决工程化问题。

（3）技术转移与知识产权保护：实现成果价值化的关键一环

技术转移是技术转化的最后一环，也是实现科技成果市场化和价值化的核心环节，包括技术的授权、合作开发、技术交易以及知识产权保护等内容，通常对应技术成熟度模型中的后期阶段（TRL 7–9）。这一阶段的目标是通过技术授权或技术交易，将科研机构的技术成果转移到企业，实现技术的商业化落地。知识产权是科技成果的核心价值所在，直接影响技术的市场竞争力和商业利益分配。例如，一项创新性技术如果缺乏专利保护，可能在市场化过程中面临被模仿和被侵权的风险，从而削弱其商业价值。

技术转移的另一关键要素是产业对接。科研机构与企业之间往往存在“信息不对称”的问题，科研人员可能缺乏商业化经验，而企业可能对新技术的潜力缺乏足够的了解。因此，技术转移需要借助技术经纪人、技术转移中心或政府平台的支持，搭建科研与产业之间的桥梁。例如，中国的“科技成果产业化引导基金”以及欧洲的“技术转移办公室”（technology transfer offices，TTO）都在这一环节发挥了重要作用。

1.2 孵化器与新兴产业的培育

孵化器作为科技成果产业化的桥梁，是新兴产业培育的重要载体，从硅谷的创业生态到中国“中关村模式”,各类孵化器已经成为新技术、新产业、新模式的重要发祥地。在科技创新驱动经济发展的背景下，孵化器不仅为初创企业提供场地、资金和技术支持，更通过资源整合、风险对冲和生态建设，有效推动了科技成果从实验室走向市场。

1.2.1 孵化器的功能与模式

孵化器是一种专门为初创企业或创新项目提供支持服务的机构，其核心任务是帮助技术或商业模式从概念阶段快速成长为具有市场竞争力的产品或企业。孵化器的功能主要体现在以下几个方面：

首先，孵化器为初创企业提供基础支持。这包括办公场地、实验室设备、技术指导、法律咨询等服务。对于资源匮乏的初创企业而言，孵化器的这些支持可以有效降低创业成本，提高技术开发效率。例如，加州大学伯克利分校的孵化器 SkyDeck，不仅为初创企业提供办公场所，还通过其导师计划为企业提供技术和商业化指导。

其次，孵化器为初创企业提供资金支持与融资渠道。许多孵化器通过设立种子基金、引入风险投资机构或组织创业比赛，为企业提供早期资金支持。例如，美国的 Y Combinator 是全球知名的孵化器，不仅为初创企业提供启动资金，还帮助它们对接顶级风险投资机构，孵化了包括 Airbnb 和 Dropbox 在内的多个独角兽企业。

最后，孵化器还充当资源整合与生态建设的角色。通过连接高校、科研机构、投资人和企业，孵化器能够构建创新生态系统，推动技术、资本和市场的高效协同。例如，中国的“中关村创业大街”聚集了高校、企业、投资机构和创业服务机构，为初创企业提供了全链条的创新服务。

在孵化模式上，不同类型的孵化器针对不同的发展需求形成了多样化的服务模式:(1)公共孵化器:由政府主导,主要扶持早期技术开发和科技型初创企业。(2)企业孵化器:由大型企业设立,聚焦于产业链上下游技术的孵化与整合。例如,谷歌的内部孵化器 Area 120 专注于培养内部创新项目。(3)大学孵化器:依托高校的科研资源,为学生创业项目和科研成果转化提供支持。

1.2.2 案例分析:硅谷生态与中关村模式

硅谷被公认为全球最成功的技术创新中心,其孵化器体系在新兴产业的培育中起到了至关重要的作用。硅谷的孵化器不仅提供技术和资金支持,还通过构建开放创新的文化和全球化的资源网络,推动了人工智能、芯片设计和互联网等新兴产业的崛起。例如,Plug and Play 是硅谷知名的孵化器,其特色在于帮助初创企业快速对接全球市场资源,通过与跨国企业合作,助力初创企业实现快速成长。

中关村则是中国孵化器体系的典范,结合了高校资源、政府政策支持和资本市场的力量,主要功能有:设立创业基金、提供税收优惠和优化营商环境。其成功之处在于将政府支持与市场化运营相结合。例如,中关村创业大街的"车库咖啡"作为一个开放式的孵化平台,为初创企业提供了低成本的办公空间和高频次的投融资对接活动,成功孵化了多家独角兽企业。

第二节 科技创新与未来产业

科技创新与未来产业发展密不可分,技术突破不断重塑经济格局、催生新业态,并推动人类社会向更高效、智能和可持续的方向演进,成为未来产业发展的核心驱动力,不断催生新的产业形态和商业模式,如同未来产业发展的"助推器",为其注入源源不断的动力。

2.1 未来产业的定义与分类

在全球经济迈向高质量发展阶段的当下，新一轮科技革命与产业变革正以前所未有的速度展开。由前沿技术驱动、具备颠覆性潜力的未来产业逐渐成为各国抢占全球竞争制高点的核心领域。未来产业不仅代表了未来经济发展的方向，同时也将深刻改变生产方式、生活方式和社会运作模式。其内涵和外延随着技术突破和社会需求的演化而不断扩展，而科学定义和分类未来产业，是理解其发展脉络并制定前瞻性政策的基础。

2.1.1 未来产业的定义与特征

未来产业可以定义为基于前沿科技突破和多学科深度融合，具备重大创新性、引领性和颠覆性的新兴产业集合。相比传统产业和当前的新兴产业，未来产业具有极大的不确定性，但也蕴含着无限的增长潜力。它们往往处于技术研发和市场培育的早期阶段，尚未完全形成成熟的产业体系，但一旦实现技术突破，便可能重塑现有产业格局，甚至催生颠覆性的新型社会经济结构。例如，量子计算、人工智能、清洁能源、生物技术和空间经济等领域，已经成为未来产业的代表方向。

未来产业的核心特征包括技术驱动、跨界融合、颠覆性潜力和高风险高回报并存。首先，技术驱动是未来产业的根本动力，前沿科技突破构成了其发展的基础。例如，量子信息技术的进步将带来计算能力的指数级提升，直接推动新材料设计、药物研发和金融计算等领域的革命性变化。其次，跨界融合是未来产业的典型特征，多学科、多领域的相互作用为其带来了更多的创新可能性。如人工智能与生命科学的结合催生了精准医疗，新能源技术与材料科学的结合推动了高效储能系统的发展。再次，未来产业因其颠覆性潜力而备受瞩目，它们不仅会改变技术实现的方式，还将对经济、社会和文化产生深远影响。例如，区块链技术的去中心化特性正在重塑全球金融体系。最后，未来产业的发展周期较长，早期研发阶段存在较高的不确定性，但一旦实现技术突破，其回报往往是指数级的，这使其成为高风险、高回报的典型代表。

2.1.2 未来产业的分类

未来产业的分类是全面理解其发展方向的重要基础。根据技术领域和应用场景的不同，可将未来产业分为以下几大类。

第一类是信息技术与数字经济类。它是未来产业的基石领域，涵盖量子计算、人工智能、区块链和 Web3.0 等关键方向。量子计算作为下一代信息技术革命的核心，能够在密码安全、药物开发、金融建模等领域实现颠覆性突破；人工智能则从感知智能向认知智能快速迈进，正在深刻改变自动驾驶、智能制造和智慧医疗等领域；区块链技术通过去中心化的信任机制，正在推动金融、物流和供应链管理的全面升级；而 Web3.0 则被认为是未来互联网的新形态，强调用户数据的自主权和分布式网络结构。

第二类是生命科学与健康产业类。这是未来产业中最具人类福祉意义的领域之一。基因编辑技术的突破为疾病治疗和人类基因优化提供了可能，例如 CRISPR 技术正在推动针对癌症和遗传性疾病的全新疗法；精准医疗通过整合基因组数据、临床数据和人工智能技术，为患者提供个性化的治疗方案；再生医学与器官工程则利用干细胞和 3D 打印技术，尝试解决全球器官移植短缺的问题。此外，合成生物学亦是该领域的重要方向，通过设计和构建全新的生命系统，为医药、农业和能源产业提供颠覆性解决方案。

第三类是新能源与可持续发展类。在全球气候变化和能源转型的背景下，清洁能源技术成为未来产业的重要方向，高效光伏电池、风能、氢能、核聚变技术等正在重塑全球能源结构；储能技术如固态电池、锂空气电池和超级电容器则为可再生能源的广泛应用提供了可能；

碳捕集与利用技术（CCUS）正在推动工业领域实现碳中和目标，为应对气候危机提供了重要技术支撑。此外，智能电网和分布式能源系统将实现更高效、更绿色的能源传输和利用。

第四类是空间经济与深空探索类。这是未来产业中最具前瞻性和想象空间的领域之一。商业航天正在成为新兴产业的热点方向，卫星互联网、太空旅游和小型卫星制造等领域快速发展；深空探测任务如月球基地建设和火星探索，不仅扩展了人类的认知边界，还推动了新材料、新能源和通信技术的进步；太空资源开发，例如小行星采矿，为稀缺资源的开发提供了全新思路。

第五类是智能制造与先进材料类。这类未来产业聚焦于制造业的智能化和高端化转型。智能制造通过工业互联网、人工智能和机器人技术，实现了生产的高度自动化、柔性化和个性化；先进材料技术则为智能制造提供了基础支撑，如石墨烯、自修复材料、高性能复合材料等正在推动新型制造工艺的发展。

第六类是社会与人类发展类。脑科学与脑机接口技术正在探索人类认知的奥秘，并推动教育、医疗和娱乐领域的创新；虚拟现实（VR）与增强现实（AR）技术为沉浸式体验提供了全新可能，广泛应用于教育培训、医疗诊断和文化创意等领域；智慧城市则通过物联网和大数据技术的结合，提高城市管理效率，优化资源配置，改善居民生活质量。

未来产业的意义不仅在于其技术突破和经济贡献，还在于其对人类社会可持续发展的深远影响。它们将成为全球经济竞争的战略制高点，为各国实现经济转型和技术领先提供新的动力。然而，未来产业的发展也面临技术风险、伦理争议、资本瓶颈等诸多挑战，其成长需要政府政策、企业投资与社会共识的共同支持。通过制定前瞻性政策、加大研发投入、完善知识产权保护机制和推动国际合作，未来产业有望成为引领全球经济和社会变革的核心力量。

2.2 颠覆性科技如何推动未来产业

作为突破性创新的载体，颠覆性科技往往伴随着对传统技术路径、产业模式乃至社会规则的深刻挑战，它不仅改变了现有技术体系的局限性，还通过技术与市场的双重作用，催生出全新的产业形态和经济增长点。理解颠覆性科技如何推动未来产业，需要从颠覆性科技的特质、作用机制、实际案例进行系统探讨。

2.2.1 颠覆性科技的特质

从技术特质上看，颠覆性科技通常具有创新性、突破性和广泛适用性三个显著特点。

创新性是指颠覆性科技能够提供完全不同于现有技术的解决方案，开启全新的可能性。例如，量子计算基于量子力学原理，从根本上颠覆了传统计算机以二进制为基础的计算模式；突破性则体现在技术性能的飞跃式提升上，如人工智能技术通过深度学习实现了对复杂问题的高效解决；广泛适用性则意味着颠覆性科技不仅能应用于单一领域，还能够通过跨行业、跨场景的扩展，推动多个领域的变革。例如，基因编辑技术不仅在医学领域应用于疾病治疗，还在农业领域推动了高产抗病作物的培育。

2.2.2 颠覆性科技的作用机制

第一，颠覆性科技通过技术替代重新定义了产业规则。传统产业的技术路径通常具有较强的路径依赖性，而颠覆性科技通过在技术原理上的根本性突破，打破了传统路径的限制。例如，清洁能源技术的出现，以太阳能、风能、氢能等为核心，正在改变传统化石能源主导的能源结构，从而推动了清洁能源产业的快速崛起。

第二，颠覆性科技通过降低成本和提高效率，推动了产业的规模化与商业化。以人工智能为例，其在图像识别、自然语言处理、自动驾驶等领域的成熟应用，不仅降低了相关行业的运营成本，还创造了新的商业模式，为未来产业的发展提供了巨大的市场空间。

第三，颠覆性科技还通过推动跨界融合，催生了全新的产业形态。例如，虚拟现实（VR）与增强现实（AR）技术的结合，不仅为文化娱乐产业带来了沉浸式体验，还在教育、医疗、工业设计等领域创造了新的应用场景，从而推动了虚拟经济的兴起。

2.2.3 颠覆性科技的实际案例

以人工智能为例，它不仅为传统行业注入了新活力，还通过与其他前沿技术的结合，如物联网、区块链和云计算，推动了未来产业的全链条协同创新。在制造业领域，人工智能通过智能化生产线和工业机器人，显著提升了生产效率和产品质量，推动了智能制造的全面升级；在医疗领域，人工智能通过医学影像分析、疾病预测和个性化治疗方案的制定，显著提升了医疗服务的精准性和效率；在交通领域，自动驾驶技术的持续突破正推动汽车行业向智能化与共享化方向发展，未来有望彻底颠覆传统的出行模式。

量子计算机以量子比特为计算单元，通过叠加态和纠缠态实现了指数级的计算能力提升，尤其在密码学、材料科学、金融建模和药物研发等领域展现出强大的应用前景。例如，在金融领域，量子计算可以快速完成传统超级计算机需要数十年才能完成的复杂运算，为风险评估、投资组合优化等提供全新解决方案；在药物研发领域，量子计算能够模拟分子间的复杂相互作用，极大缩短新药开发周期，从而推动生物医药产业的加速发展。尽管量子计算技术尚处于早期阶段，但其颠覆性潜力已吸引了全球科技企业和政府的大量投资，为未来产业的发展奠定了技术基础。

基因编辑技术则通过对生命科学的深度改造，推动了生物医药和农业等未来产业的快速崛起。在生物医药领域，基因编辑技术已被用于开发针对癌症和遗传性疾病的突破性治疗方案；在农业领域，基因编辑技术被用于培育高产、抗病、抗逆的作物品种，从而推动了农业的绿色化和可持续发展。此外，基因编辑技术还在合成生物学领域展现了巨大的潜力，通过设计和构建全新的生命系统，为工业生物制造提供了全新的解决方案。

清洁能源技术作为应对气候变化和能源危机的关键颠覆性科技，正在推动新能源产业成为未来经济的新引擎。光伏发电技术的效率提升和成本下降，使得太阳能成为全球增长最快的能源来源之一；氢能作为清洁能源的“终极解决方案”，通过燃料电池技术的成熟应用，正在推动交通、工业等领域的全面转型。此外，储能技术的进步为清洁能源的广泛应用提供了重要保障，从而推动了绿色能源全产业链的快速发展。

材料科学领域的关键技术为未来产业的发展提供了基础支撑。新材料技术通过改变材料的微观结构和性能，使得传统产业的生产方式和产品形态发生了革命性变化。

空间技术作为人类探索未知领域的重要工具，正在逐步从科研驱动向商业化应用转型，成为未来产业发展的重要组成部分。商业航天的崛起，得益于小型卫星制造、卫星互联网和火箭回收技术的突破。例如，深空探测技术的进步，为月球、火星等行星的资源开发和居住环境模拟提供了可能性。太空经济的兴起不仅为未来产业带来了全新的发展空间，也推动了地球经济与太空经济的深度融合。

虚拟现实（VR）和增强现实（AR）作为数字经济时代的重要技术，正在改变人类交互方式和内容体验模式。例如，在文化娱乐领域，VR技术通过创造沉浸式的虚拟世界，为用户提供更加丰富的体验；在医疗领域，AR 技术通过实时叠加患者数据和手术导航信息，提升了手术的精准性和成功率。此外，VR 技术和 AR 技术还在工业设计和虚拟仿真中得到广泛应用，为未来产业的发展创造了更多可能性。

2.3 科技政策如何引导未来产业发展

作为推动技术进步和经济增长的重要手段，科技政策通过战略规划和政策工具不仅为前沿技术的研发提供了方向，还通过资源配置、市场激励和制度保障，构建起未来产业发展的生态体系，推动技术从实验室走向市场。尤其在全球竞争日益激烈的背景下，各国纷纷将科技政策作为抢占未来产业制高点的重要抓手。如何通过设计有效的科技政策，引导未来产业实现突破性发展，已成为政府、企业和学术界共同关注的核心议题。

2.3.1 战略规划指导

未来产业往往具有高风险、高投入和长周期的特点，在其发展初期，市场机制难以有效发挥作用，政府的战略规划和政策引导成为关键。通过制定国家层面的科技发展战略，明确未来产业的优先发展领域和技术方向，可以为各类创新主体提供清晰的目标指引。例如，中国在“十四五”规划中明确提出要发展量子信息、人工智能、生命科学、清洁能源等未来产业；欧盟的“地平线欧洲”计划则聚焦绿色转型、数字化和健康等领域，力求通过科技创新应对全球性挑战。

这些战略规划不仅体现了政府在未来产业发展中的主导作用，也通过政策的持续性和稳定性，为企业和科研机构提供了长期发展的信心。

2.3.2 提供资金支持

未来产业的发展离不开大量的基础研究和技术开发，而这些领域的高投入和高风险往往使企业单独承担成本变得困难。美国国防高级研究计划局（DARPA）在人工智能、量子计算等领域的持续投资，推动了这些技术从概念验证到商业化的跨越；德国通过“工业4.0”战略，为智能制造和工业互联网提供了大量研发资金支持，有效促进了相关技术的落地应用。此外，政府还通过设立科技专项基金，引导社会资本参与未来产业的投资布局，从而形成多元化的资金来源。

2.3.3 推动跨领域协同创新

未来产业的核心特点之一是多学科、多领域的交叉融合，而这种融合往往需要不同创新主体之间的密切合作。政府通过搭建国家级实验室、技术创新中心和产业联盟，为企业、高校和科研机构提供合作平台，促进资源共享和协同创新。例如，中国建立的国家重点实验室和技术创新中心，旨在集中优势科研力量攻克关键核心技术；欧洲的"创新共同体"（EIT）通过跨国合作，联合研究机构、企业和政府，共同推动清洁能源、智能交通和健康技术的发展。

这些创新平台不仅打破了技术壁垒和组织边界，还通过集成优势资源，加速了技术从研发到产业化的转移。

2.3.4 市场激励机制

政府通过实施市场激励政策，如补贴、税收减免和绿色采购，降低了企业进入未来产业的门槛，增强了市场对新技术的吸纳能力。例如，中国通过对新能源汽车的购车补贴政策，有效推动了电动汽车市场的快速增长，同时带动了动力电池、充电设施等上下游产业链的发展；德国通过实施可再生能源法（EEG），对太阳能、风能等清洁能源项目提供上网电价补贴，极大地刺激了新能源技术的推广应用。此外，政府还通过制定技术标准和行业规范，为未来产业的健康发展提供制度保障。例如，在人工智能和区块链领域，各国纷纷出台技术标准和伦理规范，确保技术应用的安全性和可控性，同时为技术的国际化推广奠定基础。

2.3.5 优化资源配置

未来产业的发展往往需要集聚效应和生态支持，而科技政策通过推动区域创新集群的建设，为未来产业的成长提供了有力支撑。例如，中国的粤港澳大湾区通过整合区域内的创新资源，打造人工智能、生命科学等未来产业的高地；美国的硅谷依靠联邦政府的持续政策支持，成为全球信息技术和生物科技的创新中心。此外，科技政策通过优化区域资源配置，推动了欠发达地区的产业升级和平衡发展。例如，中国在西部地区设立的高新技术产业开发区，为中西部地区的科技创新和产业发展提供了政策支持，缩小了区域之间的发展差距。

2.3.6 推动国际合作与竞争

政府通过参与国际科技合作计划，推动技术标准的制定和技术成果的转移扩散，增强了本国在未来产业领域的国际竞争力。例如，欧盟通过“地平线欧洲”计划，与美国、日本等国家在绿色能源、生命科学等领域开展联合研究；中国通过“一带一路”科技创新合作行动计划，与共建“一带一路”国家共同建设实验室和技术转移中心，推动了未来产业的国际化发展。同时，科技政策还通过保护知识产权和加强技术监管，维护本国技术创新的核心竞争力，防止关键技术外流。尤其是在量子计算、人工智能等战略性领域，各国政府通过政策手段强化技术保护，为未来产业的发展创造了稳定的外部环境。

科技政策作为未来产业发展的重要引擎，通过战略规划、资金支持、创新平台建设、市场激励和国际合作，构建了推动技术突破和产业升级的完整链条。未来，随着全球科技竞争的加剧，科技政策将在引导未来产业发展中发挥更加关键的作用。

第三节 新市场与科技创新

科技创新犹如一台永不停歇的引擎，持续输出强劲动力，不断创造出全新的市场，涵盖技术革新、商业模式创新与产业升级等多个层面，激活潜在市场需求。

3.1 科技创新如何创造新市场

通过技术突破、成本优化、商业模式重塑、消费场景创造以及社会结构变革，科技创新在创造新市场的过程中扮演着不可或缺的角色。它不仅推动了传统市场的升级，还通过引入全新的供需关系和消费体验，开辟了人类经济活动的全新领域。尤其是在信息技术、人工智能、互联网等高新技术的驱动下，科技创新已成为孕育新市场的核心动力。通过技术变革推动需求转变、重新定义供需关系，科技创新创造的新市场正在深刻改变全球经济格局。

3.1.1 全新的解决问题方式

科技创新之所以能够创造新市场，首先在于能够以全新的方式解决问题，激发消费者对新产品或服务的兴趣，从而开辟全新的市场。例如，智能手机的诞生就完全重塑了通信市场。相比于传统功能手机，智能手机不仅满足了人们对通信的基本需求，还通过移动互联网技术的结合，催生了社交媒体、移动支付、手机游戏等全新的市场形态。

3.1.2 降低成本奠定新市场

许多新市场的崛起并非一蹴而就，而是伴随着技术成本的下降逐步实现的。例如，网购市场的兴起离不开物流技术的进步和电子支付手段的普及。随着物流技术的不断改进和第三方支付工具的普及，消费者可以更方便地购买商品，而企业也能够通过规模化运营降低商品成本，从而推动了网购市场的快速扩张。

3.1.3 重塑商业模式

科技创新还通过重塑商业模式，推动新市场的诞生。例如，网约车的出现颠覆了传统的出租车行业，通过移动互联网技术，网约车平台将分散的个人司机资源整合起来，直接面对消费者，形成了一个高效的供需匹配体系。这种商业模式不仅降低了消费者的出行成本，也为司机提供了灵活的就业机会，从而创造了一个全新的出行市场。

科技创新通过在供需两端引入技术手段，不断打破传统行业的边界，推动市场结构的深刻变革。

3.1.4 创造新的消费场景

许多新市场的出现并非完全基于已有需求的升级，而是依赖于一种全新的场景体验。例如，虚拟现实（VR）技术和增强现实（AR）技术为用户提供了沉浸式的数字体验，这种技术应用于游戏、教育、医疗等领域时，创造了一种全新的消费场景和体验模式。人们对虚拟场景的需求并非传统意义上的必需品，但科技创新通过技术手段将这种体验变成了可能，进而激发了消费者的兴趣和需求。

除了构建全新的消费场景，科技创新还通过打破地域限制，为新市场的发展提供了全球化的机会。跨境电商的兴起就是科技创新推动全球化市场发展的典型案例。借助互联网技术，消费者可以轻松浏览和购买来自世界各地的商品，而企业也能够通过数字化渠道直接面向全球市场开展业务活动。

3.1.5 推动产业链重组

当一种颠覆性技术被引入传统产业时，往往会产生连锁反应，催生出与之相关的多个新市场。例如，自动驾驶技术的发展不仅推动了汽车产业的升级，还催生了智能交通系统、车联网、共享出行等一系列相关市场。这种基于技术变革的产业链重组，不仅提升了产业的整体效率，还为新市场的形成提供了多元化的可能性。通过技术创新带动上下游产业的转型升级，新市场往往能够在短时间内实现爆发式增长。

3.1.6 推动社会结构的变化

随着技术的普及，人们的生活方式、消费观念和社会形态都在发生深刻变化。例如，社交媒体市场的兴起不仅依赖于互联网技术的普及，还与人们社交习惯的改变密切相关。在过去，人与人之间的社交活动主要依赖于线下场景，而随着科技创新的发展，社交活动逐渐向线上转移，并催生了以社交媒体为核心的新市场形态。

3.1.7 促进市场的成熟与规范

在许多新市场的形成初期，往往伴随着政策的不确定性和制度的空白。科技创新通过推动技术标准的制定和行业规范的完善，为新市场的发展提供了制度保障。例如，网约车行业在早期由于缺乏监管，曾面临许多安全和合法性问题。随着技术的成熟和政策的完善，网约车市场逐渐走向规范化，并成为出行领域的重要组成部分。科技创新与政策支持的协同作用，为新市场的健康发展提供了稳定的基础。

3.2 数字经济背景下的新商业模式

数字经济的崛起催生了大量的新商业模式，而且新商业模式不再局限于传统的商品生产与销售，而是基于数据的采集、分析与应用，构建起了资源共享、高度协同和以用户为中心的商业生态。以网购和网约车为代表的数字经济典型案例，更是展示了新商业模式如何依托数字技术实现价值链的重塑。

3.2.1 平台经济模式

平台经济的核心在于通过技术手段搭建一个多边市场，将供给方与需求方直接连接在一起，消除传统中间环节，从而提升效率、降低成本。这一模式的典型代表是网购平台。以亚马逊和淘宝为例，这些平台通过大数据和人工智能技术，精准匹配用户需求与商品供给，改变了传统零售“货架式”的商品展示和销售逻辑。通过用户行为数据的实时分析，平台可以为消费者提供个性化的推荐，而商家也能够根据平台的数据反馈优化供应链和库存管理。这种以数据为驱动的商业模式，不仅提升了交易效率，还构建了一个动态、开放的市场生态，使原本局限于线下的商业活动得以在线上无限延伸。

平台经济模式的另一个核心特征是网络效应。随着用户规模的扩大，平台的价值呈指数级增长，这种正反馈机制使得平台能够迅速占领市场。例如，网约车平台通过数字化手段实现了出行需求与司机资源的即时匹配，大幅提升了供需两端的效率。相较于传统出租车行业，网约车平台不仅优化了用户体验，还通过数字化技术实现了对整个出行市场的重新定义。更重要的是，平台经济模式不仅创造了商业价值，还推动了就业结构的变化，为大量个人提供了灵活就业的机会。

3.2.2 共享经济

共享经济的核心理念是资源的高效利用，通过技术手段将闲置资源转化为经济价值。例如，Airbnb的成功基于一种全新的商业逻辑：它并不拥有任何房产，但通过搭建一个共享平台，让房东和租客之间可以直接对接，从而激活了全球范围内的闲置房屋资源。与传统酒店行业相比，这种新商业模式不仅降低了住宿成本，还为消费者提供了更多样化的选择。共享经济的本质是通过数字技术构建一个去中心化的资源配置网络，使资源的使用效率得到最大化提升。这种模式不仅适用于住宿行业，也在交通、知识服务等领域展现了广泛的应用潜力。

3.2.3 订阅模式

不同于传统的一次性交易，订阅模式通过持续提供服务与内容，与消费者建立长期的关系，其优势在于，它将一次性的商品消费转化为持续的服务消费，从而实现了更稳定的收入流。这一模式的成功离不开云计算和大数据技术的支持。例如，流媒体平台 Netflix 通过订阅收费模式，为用户提供海量的影视内容。通过对用户观看数据的分析，平台不仅能够优化内容推荐算法，还能够指导原创内容的开发，进一步增强用户黏性。

3.2.4 按需服务

通过技术手段实现即时响应和高效交付，彻底颠覆了传统商业的时间和空间限制。例如，外卖平台的兴起使得消费者可以随时随地享受餐饮服务。通过精准的地理定位和实时的配送追踪，平台能够在最短的时间内完成从下单到配送的全流程。

按需服务不仅提升了消费者的便利性，还通过数字化技术赋能传统行业，为其注入新的增长动力。例如，传统餐饮企业通过接入外卖平台，不仅拓宽了销售渠道，还能够利用平台数据优化菜品设计和运营策略。这种基于技术驱动的按需服务模式，正在逐步扩展到医疗、家政和物流等更多领域。

3.2.5 新商业模式的挑战

首先，数据隐私和安全问题日益凸显。在数据驱动的商业模式中，企业需要收集和存储大量用户数据，但如果数据保护措施不到位，就可能导致用户隐私泄露或数据滥用的问题。

其次，平台经济和共享经济模式在快速发展的同时，也引发了一些监管和法律问题。如何平衡商业创新与社会责任，成为数字经济背景下新商业模式发展的重要议题。

最后，新商业模式的快速崛起也给传统企业带来了巨大的竞争压力，许多企业面临被迫转型的挑战。在这一背景下，传统企业如何通过数字化转型融入新的商业生态，也成为全球经济发展的重要命题。

3.3 案例分析：网购与物流技术的结合

作为现代商业运作的核心环节之一，物流技术通过对商品流通的优化管理，为网购平台提供了高效的配送服务保障。以亚马逊、京东为代表的网购企业，通过将前沿技术融入物流系统，构建起了一种高效协同的新型商业模式，这不仅改变了传统零售业态，也为全球数字经济的发展提供了重要的样本。

3.3.1 依托数字技术建立高效的仓储和配送网络

网购的特点在于地域的广泛性和订单的分散性，这对传统的物流体系构成了巨大挑战。以往，物流系统更多服务于集中化的大宗货物运输，而网购模式要求将单个包裹及时送达千家万户，这种碎片化的配送需求给传统物流带来了前所未有的压力。

为了应对这一挑战，网购平台开始依托数字技术，通过建立高效的仓储和配送网络来提升物流效率。以京东为代表的电商企业则通过构建自营物流体系解决了配送效率问题。与依赖第三方物流的模式不同，京东选择自主建设仓储和配送网络，将物流环节完全掌握在自己手中。这一策略虽然前期投入巨大，却带来了显著的效率提升。通过分布式的仓储网络和区域化的配送中心，京东实现了“211 限时达”（即当日下单、次日送达）的服务承诺，为消费者提供了极致的购物体验。与此同时，京东还通过大数据分析和物联网技术，优化配送路线和库存管理，从而进一步降低了物流成本。这种物流与网购深度结合的模式，不仅提升了平台的竞争力，也为其他电商企业提供了重要的经验借鉴。

3.3.2 智能与自动化推进系统升级

随着网购市场的不断扩张，物流技术的进步不仅体现在效率的提升，还体现在通过智能化和自动化的应用，推动了物流系统的全面升级。自动化仓储技术是最具代表性的创新之一。以亚马逊的机器人仓库为例，其引入的 Kiva 机器人可以在仓库内自主移动，将货架上的商品运送到分拣员面前。这种“货到人”的作业模式大幅提高了分拣效率，同时减少了人力成本。类似的技术也在京东的“亚洲一号”智能物流中心中得到应用，通过自动分拣设备和无人叉车的协同作业，实现了从入库到出库的全流程自动化。智能化技术的应用，使得物流系统能够以更高的效率处理海量订单，满足网购市场日益增长的需求。

3.3.3 无人机配送

随着消费者对配送速度和便利性的要求不断提高，无人机和无人车等新型配送工具应运而生。亚马逊的 Prime Air 计划通过无人机实现小型包裹的快速配送，特别是在偏远地区和交通不便的场景下，无人机能够显著缩短配送时间。中国的京东和美团也在积极推进无人配送车的研发和应用，通过城市道路的无人驾驶技术，实现了从配送中心到社区终端的高效衔接。这种无人配送模式不仅降低了人力成本，还提升了物流体系的灵活性和可扩展性，为未来网购市场的进一步发展提供了技术支撑。

3.3.4 优化供应链

大数据技术使得物流企业能够对订单、库存、配送等环节进行实时监控和预测，从而实现供应链的全局优化。例如，亚马逊通过对消费者购物数据的深入分析，开发了“预期配送”系统，即在消费者下单之前，根据历史购买记录和行为模式预测其可能的需求，并提前将商品调拨至离消费者最近的配送中心。这种前置式的库存管理模式,大幅缩短了配送时间，同时提升了消费者的购物满意度。京东同样通过大数据技术优化供应链，在“双十一”等电商促销高峰期间，利用对历史订单数据的分析，提前备货和调配资源，从而避免了物流环节的拥堵和延误。

3.3.5 配送模式创新

“最后一公里”配送是物流体系中最复杂和成本最高的环节，也是消费者体验的重要组成部分。为解决这一难题,物流企业引入了多种创新模式。例如，智能快递柜的普及使得消费者可以在方便的时间和地点自助取件，有效缓解了配送人员的时间压力；社区配送站和众包配送模式则通过个人快递员和社会化配送网络的结合，提升了配送的时效性和灵活性。这些创新模式不仅改善了消费者体验，还通过分散化的配送网络降低了整体成本，为网购市场的持续增长提供了有力支持。

网购与物流技术的深度结合，不仅改变了全球零售行业的运作方式，还推动了消费方式和商业生态的全面升级。通过自动化、智能化、无人化和绿色化技术的应用，物流体系得以不断优化和创新，从而满足网购市场多样化、个性化和高效化的需求。在数字经济的背景下，物流技术与网购的结合已经成为推动经济增长和科技进步的重要动力，也为未来商业模式的演进提供了无限的可能性。

第八章　常规技术集成出尖端

“需求导向的系统集成创新”——通过战略聚焦、资源重组与流程再造，将有限技术要素转化为战略性科技突破。

黄旭华院士的科研思想是中国特色自主创新道路的缩影，既体现了“集中力量办大事”的制度优势，也彰显了科学家群体“十年磨一剑”的学术追求。其思想遗产不仅推动了中国国防科技的跨越式发展，更为构建国家战略科技力量、实现高水平科技自立自强提供了理论支撑与实践路径，更为企业家整合政策、科技和市场资源，提供了优质产品、缔造百年企业的重要指导思想。

第一节　思想内涵：系统整合与创新跃迁

1.1 创新思维

1.1.1 突破“唯尖端论”的思维桎梏

面对西方对核潜艇技术的全面封锁，黄旭华提出“用常规技术组合出尖端性能”的辩证逻辑。他认为，尖端技术并非完全依赖革命性突破，而是可以通过对现有技术的创造性重组实现质变。例如，核潜艇的静音性能并非依赖单一材料革新，而是通过船体线型优化、动力系统减振、声学涂层组合等常规技术的协同集成达成。

1.1.2 “木桶效应”与系统优化原则

黄旭华强调，尖端装备的性能取决于对最弱技术环节的突破。在核潜艇研发中，他提出“不追求单项技术绝对领先，但求系统整体最优”的理念。例如，通过将常规船舶制造中的焊接工艺改进、苏联鱼雷艇的消声技术移植，以及国内成熟核反应堆的小型化改造相结合，形成具有战略威慑力的核潜艇整体系统。

1.2 实践路径：技术集成的三大维度

1.2.1 跨学科常规技术整合

黄旭华团队未采用苏联核潜艇的“雪茄型”设计，而是创造性整合航空空气动力学（常规飞机流线型设计）、船舶流体力学（常规船舶阻力计算）和数学建模技术，通过上万次模拟计算优化出“水滴型”艇体，使中国核潜艇静音性能达到世界先进水平。将不同领域的常规技术交叉融合，产生“1+1 ＞ 2”的协同效应。

1.2.2 逆向工程与常规技术升级

在缺乏核潜艇专用反应堆技术时，黄旭华团队将陆基核电站的常规反应堆技术逆向分解，通过模块化重构（缩小体积）、屏蔽材料创新（常规铅基材料改进）和热工水力学优化，最终实现反应堆小型化，突破核潜艇动力瓶颈。通过技术解构与再组合，推动常规技术的功能跃升。

1.2.3 工艺创新激活常规技术潜力

面对国产钢材强度不足的短板，黄旭华团队将常规船舶焊接工艺与冶金学结合，开发“多层错缝焊接法”，通过工艺创新使普通钢材的耐压性能提升 40%，成功满足核潜艇深海抗压需求。通过工艺流程再造释放常规材料的性能极限。

1.3 科学方法论：技术集成的底层逻辑

1.3.1 “需求—技术”映射矩阵构建

黄旭华建立“功能需求分解→技术要素匹配→集成方案验证”的三阶模型。例如，将核潜艇的“隐蔽性”需求拆解为声学特征控制、电磁辐射抑制等子目标，再匹配现有的消声瓦技术（常规船舶降噪技术改进）、低磁钢材（常规冶金技术升级）等要素，最终通过海上实测完成系统验证。

1.3.2 迭代优化与容错机制

在核潜艇研制中推行“原型试验→数据反馈→技术修正”的螺旋式开发。例如，首艘核潜艇下水后，通过数百次常规海试积累数据，逐步优化推进器设计（基于常规螺旋桨流体力学模型），最终使航速超过设计指标 15%。

1.3.3 知识迁移与跨界类比

黄旭华善于将其他领域的常规技术进行跨场景应用。例如，借鉴铁路桥梁的振动测试方法（常规工程检测技术），建立核潜艇机械系统的振动控制模型；引入医学 CT 扫描原理（常规医疗成像技术），开发艇体结构无损检测系统。

1.4 产业实践分析

1.4.1 高铁产业：系统集成的典范

中国高铁的发展是黄旭华创新思想的典型实践。通过引进—消化—吸收—再创新，中国高铁实现了从技术跟随到引领的跨越。在技术集成方面，高铁项目整合了电力牵引、轨道工程、信号控制、材料科学等多个领域的常规技术，形成了具有自主知识产权的技术体系。

这种集成创新带来了显著的经济效应：首先，是产业链协同效应，高铁产业带动了钢铁、机械、电子等上下游产业的发展，形成了千亿级产业集群；其次，是技术溢出效应，高铁技术的突破推动了相关领域的技术进步，如新材料、智能制造等；最后是国际竞争力提升，中国高铁凭借系统集成优势，在国际市场上占据了重要地位。

1.4.2 新能源产业：技术集成驱动的变革

新能源产业的发展同样体现了黄旭华的创新思想。以宁德时代为例，其通过整合电池材料、智能制造、能源管理等技术，实现了动力电池技术的突破。在技术集成过程中，宁德时代构建了“材料研发—智能制造—回收利用”的全产业链创新体系，推动了新能源产业的快速发展。

这种集成创新的经济学价值在于：降低技术创新风险。通过技术要素的系统整合，降低了单一技术突破的风险；提升产业附加值。技术集成创新推动了新能源产品的高端化发展，提升了产业附加值；促进可持续发展。技术集成创新推动了新能源技术的规模化应用，促进了绿色经济转型。

1.4.3 5G 与工业互联网：技术集成的新范式

5G 与工业互联网的融合发展，是黄旭华创新思想在数字经济时代的延伸。施耐德电气通过 5G 技术集成，实现了工厂的智能化改造。其“5G + 工业互联网”解决方案整合了物联网、大数据、人工智能等技术，提升了生产效率和产品质量。

这种集成创新的经济学意义在于：生产效率提升，5G 技术的低时延特性实现了生产过程的实时监控和优化；产业升级加速，工业互联网推动了制造业的数字化转型，促进了产业升级；商业模式创新，技术集成创新催生了工业互联网平台等新型商业模式。

1.5 技术集成创新的经济学理论拓展

1.5.1 创新生态系统理论

技术集成创新需要构建开放、协同的创新生态系统。硅谷模式通过大学、企业、风险投资的协同创新，形成了具有全球竞争力的创新生态。中国高铁的发展同样依赖于“政产学研用”协同创新体系，这种生态系统的构建是技术集成创新的重要保障。

1.5.2 动态能力理论

技术集成创新要求企业具备动态能力，即整合、构建和重新配置内外部资源以应对快速变化环境的能力。华为通过持续的技术集成创新，构建了强大的动态能力，使其在5G领域保持领先地位。

1.5.3 复杂系统理论

技术集成创新本质上是一个复杂系统的涌现过程。系统论认为，系统的整体性能大于各部分性能之和。黄旭华团队在核潜艇研制中，通过系统工程方法实现了技术要素的最优组合，验证了复杂系统理论的有效性。

第二节 技术集成与科技成果产业化

科技成果产业化是创新链与产业链深度融合的关键环节，而技术集成作为这一过程中的核心手段，正在成为突破转化瓶颈、提升创新效能的重要抓手。本节从技术集成的内涵出发，系统论述其在科技成果产业化中的战略价值、核心目的及实施要求，为从业者提供理论框架和实践指引。

2.1 技术集成的内涵与战略定位

技术集成是通过系统化的组织手段，将分散的技术要素（基础研究成果、工艺方法、配套技术等）进行优化组合，形成具有市场竞争力的完整技术解决方案的过程。其本质是对创新要素的再创造，具有典型的非线性创新特征。

2.1.1 技术集成内涵

在科技成果产业化实践中，技术集成发挥着从实验室技术到产业化应用的桥梁作用，是实现技术价值跃迁的必由之路。技术集成内涵包括三个维度：要素维度，包括整合基础研究突破、工程技术方案、生产工艺流程、市场验证反馈等；过程维度，经历“技术选择→兼容性测试→系统优化→迭代升级”的螺旋式演进；价值维度，实现“1+1 ＞ N”的创新增值效应。

2.1.2 驱动创新

技术集成驱动创新的底层逻辑：

（1）非线性创新机制：突破传统线性研发路径，通过技术模块的创造性组合催生颠覆性创新。例如，SpaceX 集成火箭回收技术、先进材料、AI 控制系统。

（2）技术生态构建：形成“核心专利 + 外围技术 + 应用场景”的生态体系。例如，安卓系统集成超 1200 万名开发者的技术贡献。

（3）知识流动加速器：促进显性知识与隐性知识的多向流动。例如，某生物医药实验室通过技术集成平台，使跨学科知识转移效率提升 70%。

2.2 技术集成的核心目的

2.2.1 突破单一技术局限性

实验室成果往往聚焦特定技术点的突破，但产业化需要完整的技术体系支撑。例如，新型电池材料的实验室突破需要集成电池管理系统、生产工艺、安全控制等技术才能形成可量产的动力电池产品。技术集成通过填补技术链条的空白环节，构建完整的技术包。

2.2.2 提升整体解决方案竞争力

通过跨领域技术融合创造增值效应。如智能农机装备集成物联网、人工智能、机械自动化等技术，形成智慧农业解决方案。这种集成创新使技术价值呈现几何级数增长，形成难以复制的技术壁垒。

2.2.3 加速产业化进程

模块化集成缩短转化周期。采用标准化接口设计，可将不同技术模块并行开发，如新能源汽车集成电驱动、电池管理、智能驾驶等子系统开发，比传统串行开发效率提升 40% 以上。

2.2.4 降低转化风险

通过技术成熟度评估与组合优化控制风险。技术集成过程中对各项技术进行 TRL（技术成熟度）分级管理，优先集成成熟度匹配的技术模块，避免“木桶效应”导致的系统风险。

2.3 技术集成的实施要求

2.3.1 系统性思维架构

（1）构建“技术树”模型：纵向梳理核心技术、支撑技术、配套技术的层级关系，横向建立技术关联矩阵。例如，生物医药领域需统筹活性物质、递送系统、生产工艺等技术分支。

（2）建立动态优化机制：设置技术迭代路线图，预留 15%~20% 的技术冗余空间，适应市场需求变化。如消费电子产品的技术集成平台需保持模块可替换性。

2.3.2 跨学科协同创新

（1）组建 T 型人才团队：既需要有深度专业化的技术专家（垂直线），又需要具备系统集成能力的复合型人才（水平线）。理想团队构成应包含 30% 核心技术专家、40% 工程化人才、30% 市场转化人才。

（2）建立知识共享机制：运用数字化协同平台打破学科壁垒，构建统一的技术参数体系。某高端装备制造企业通过建立标准化的技术特征数据库，使跨部门协作效率提升 60%。

2.3.3 市场需求导向

（1）实施 VOC（客户声音）驱动集成：建立“技术—市场”双向映射模型。某医疗器械企业通过临床需求倒推，将成像技术与 AI 诊断算法集成，产品上市周期缩短 9 个月。

（2）竞争性技术对标：运用 TRIZ 理论进行技术进化预测，保持集成方案的前瞻性。如光伏行业通过跟踪国际技术路线图，动态调整薄膜电池与晶硅技术的集成策略。

2.3.4 资源整合能力

（1）构建创新联合体：产学研用协同创新模式可将基础研究、中试开发、产业应用等环节有效衔接。某新材料领域采用“研究院 + 中试基地 + 龙头企业”的三角架构，使技术集成效率提升 35%。

（2）灵活运用技术并购：通过并购补足关键短板技术。某智能驾驶企业通过并购高精地图公司，快速完成自动驾驶技术集成布局。

2.3.5 标准化与模块化设计

（1）建立接口标准体系：制定统一的物理接口、数据协议、测试规范。工业机器人领域通过制定模块化关键标准，使核心部件替换时间从 8 小时缩短至 1.5 小时。

（2）开发技术集成平台：构建可复用的基础技术平台。某 ICT 企业打造的智能终端技术中台，支撑每年 20+ 款新产品的快速集成开发。

2.3.6 持续迭代优化

（1）建立反馈闭环系统：通过用户使用数据、生产质量数据、维护服务数据驱动技术改进。某工程机械企业基于物联网的远程运维系统，使产品技术迭代周期从 24 个月缩短至 9 个月。

（2）实施敏捷开发模式：采用“开发—测试—验证”快速循环机制。某软件企业通过持续集成 / 持续交付（CI/CD）体系，实现技术组件的日级更新迭代。

2.4 产业级技术集成的基本要求

（1）可制造性：工艺兼容性设计（中芯国际 14 纳米工艺集成双重图形技术）。

（2）可维护性：模块化架构设计（西门子 CT 设备实现关键模块 15 分钟更换）。

（3）可扩展性：接口标准化预留（华为鸿蒙系统分布式架构支持多设备无缝集成）。

（4）合规性：技术标准预研（比亚迪刀片电池通过 50 项安全认证集成）。

（5）可持续性：绿色技术融合（远景科技集成“风电 + 储能 + 氢能”技术）。

（6）差异性：专利组合构建（高通 5G 技术包集成 3.5 万项专利）。

第三节　技术集成——商业变现“生财密码”

技术集成的商业本质是资源的重新配置与价值的重新定义。技术集成不是技术的简单叠加，而是创新要素的系统重构。它既是成果转化的“催化剂”，也是技术攻关的“突破口”。

3.1 技术集成驱动成果转化的机制

3.1.1 产学研协同创新

技术集成通过产学研协同创新网络加速成果落地。三螺旋模型（Triple Helix Model）指出，政府、企业、高校的互动是创新的核心动力。例如，上海生物医药基金通过投资睿生生物，整合德国上市公司的核心资产，推动软骨再生疗法的产业化；台积电公司的开放创新平台（OIP）汇聚 16 家 EDA 伙伴、37 家硅智财伙伴，构建了覆盖芯片设计全流程的生态系统。

3.1.2 开放创新平台

在成果转化过程中，开放创新平台发挥着关键作用。国家新一代人工智能开放创新平台通过开源技术、共享数据，降低中小微企业的研发门槛；航天电器的智能制造样板间通过工业互联网平台，实现了从订单到设备的纵向集成，使产品交付周期缩短 50%。这些平台不仅是技术集成的载体，更是资源整合的枢纽。

3.1.3 模块化设计

技术集成还通过模块化设计提升转化效率。例如，磁控软体驱动器的模块化设计，将收缩、弯曲、扭转等功能单元集成，使机器人能够适应复杂环境；数据中心的预制模块化解决方案，将暖通、配电、监控系统标准化，实现快速部署和节能增效。模块化设计不仅降低了技术转化的复杂度，还为规模化应用提供了可能。

3.2 技术攻关中的集成创新策略

3.2.1 问题拆解

在技术攻关中，需求导向的问题拆解是技术集成的起点。例如，桂花鱼全链技术集成针对种苗繁育、加工流通等环节的痛点，整合数控地热繁育、分级宰杀速冻等技术，构建了从生产到品牌的完整链条。这种“问题导向”的集成策略，确保技术攻关始终围绕产业需求展开。

3.2.2 跨领域技术融合

跨领域技术融合是突破技术瓶颈的关键。在新能源汽车领域，比亚迪的八合一电动力总成整合了电池管理、逆变器、变速箱等模块，使系统效率提升至 95%；霍尼韦尔 Anthem 集成驾驶舱通过模块化设计，将航电系统的尺寸和重量减少 50%，同时提升了飞行安全性。这些案例表明，技术融合能够在性能、成本、可靠性等维度实现突破。

3.2.3 开放生态系统

开放生态系统是技术攻关的重要支撑。台积电公司的开放创新平台通过整合产业链资源，使客户能够同步获取制程技术、EDA 工具和硅智财，缩短了芯片设计周期；航天云网的工业互联网平台实现了从研发到服务的端到端集成，推动了精密电子元器件的柔性化生产。这些生态系统通过资源共享和协同创新，形成了技术攻关的“集团军”优势。

3.3 从单点突破到生态重构

技术集成不是简单的技术叠加，而是通过系统工程思维实现创新要素的化学反应。在半导体领域，某市通过“链主企业 + 产业集群”模式，将富乐华半导体的 AMB 覆铜陶瓷载板技术与芯华睿的车规功率半导体模组技术深度整合，构建了覆盖芯片设计、封装测试、终端应用的完整产业链，使新能源汽车充电速率提升 100%，单条产线年营收突破 20 亿元。这种集成模式的本质是模块化设计与跨域协同的结合：AMB 载板作为底层技术底座，碳化硅 MOSFET 芯片作为核心功能模块，通过标准化接口实现快速迭代，最终形成“技术积木”式的创新体系。

在金融领域，数据集成技术正在重塑财务报表生成模式。某头部银行通过整合核心系统、第三方支付平台和证券交易数据，构建了实时数据中台，将财务报表生成时间从 5 天缩短至 2 小时，同时将数据准确率提升至 99.9%。这种集成不仅是技术的融合，更是业务流程的再造：通过数据清洗、转换和标准化，实现了从“数据孤岛”到“智能决策”的跨越，每年节省人力成本超 3000 万元。

3.4 科技生财的六大实战路径

3.4.1 产业链垂直整合：从制造到“智造”的跃迁

比亚迪的八合一电动力总成整合了电池管理、逆变器、变速箱等模块，使系统效率提升至95%，生产成本降低40%。这种集成模式通过技术闭环实现了对供应链的深度控制：自研SiC芯片降低能耗，热管理系统优化散热效率，最终使整车续航提升20%，单车利润增加1.2万元。

3.4.2 数据资产化：从成本中心到利润引擎

某生物科技公司将花菇种植环境数据登记为数据知识产权，通过增信融资、保险合作和数据交易，实现了“一菇三吃”：400万元贷款解决资金难题，100万元保险对冲风险，30万元数据授权费开辟新收入来源。这种模式的核心在于数据确权与价值挖掘：通过物联网实时采集数据，运用AI算法分析种植规律，最终将数据转化为可交易的资产。

3.4.3 生态平台构建：从竞争到共生的进化

台积公司的开放创新平台（OIP）汇聚16家EDA伙伴、37家硅智财伙伴，形成覆盖芯片设计全流程的生态系统。客户通过平台可同步获取制程技术、EDA工具和硅智财，芯片设计周期缩短50%，研发成本降低30%。这种生态模式的关键在于资源共享与利益绑定：台积电通过技术授权获取持续收益，合作伙伴通过生态协同提升竞争力，最终实现“1+1 ＞ 2”的价值裂变。

3.4.4 场景化解决方案：从产品到服务的升维

小鸟科技羽控品牌的指挥中心解决方案，将小间距LED显控系统、KVM坐席管理平台、环境控制系统深度融合，在应急指挥场景中实现信息实时交互与资源高效调配。某省级应急管理部门采用该方案后，突发事件响应时间从30分钟缩短至5分钟，每年减少灾害损失超5亿元。这种集成模式的本质是需求洞察与技术适配：通过分析客户痛点，将离散技术整合成“交钥匙”解决方案。

3.4.5 政策红利捕获：从机会到战略的转化

合肥财政通过设立科技创新贷、科技小额贷等特色产品，累计引导9.9亿元金融资本流入科技型企业，帮助273家企业实现技术突破。企业家可通过政策研读与项目申报，将政府补贴转化为研发资金。例如，符合条件的企业可申请15%的研发费用加计扣除，单个项目最高可获500万元补助。

3.4.6 全球化技术并购：从本土到国际的跨越

某一线城市生物医药基金投资睿生生物，收购Co.Don AG的软骨再生疗法Spherox核心资产，推动该技术在中国落地产业化。通过整合研发资源，Spherox的临床试验周期缩短40%，预计上市后年销售额突破10亿元。这种模式的关键在于技术互补与市场协同：德国企业的技术积累与中国市场的规模优势形成合力，实现“技术+资本+市场”的三维突破。

3.5 技术集成的“安全网”

3.5.1 技术兼容性风险

某零售企业在集成库存管理系统时，因新旧系统数据格式不兼容导致项目延期6个月，额外增加成本200万元。应对策略包括：预集成测试，即在项目启动前进行技术可行性验证；中间件技术，即采用标准化接口实现系统对接；分阶段实施，即先进行局部试点，再逐步推广。

3.5.2 知识产权纠纷

某新能源企业因未妥善处理专利交叉授权，被竞争对手起诉侵权，赔偿金额达1.2亿元。防范措施包括：专利布局，在技术集成前进行全球专利检索；交叉授权，与合作伙伴建立专利共享机制；法律顾问，聘请专业团队处理知识产权事务。

3.5.3 数据安全风险

某金融机构因数据集成过程中未加密传输，导致客户信息泄露，被监管部门罚款5000万元。解决方案包括：数据加密，采用AES-256等高强度加密算法；访问控制，实施基于角色的权限管理；安全审计，定期进行漏洞扫描与渗透测试。

3.6 技术集成的挑战与应对策略

技术集成面临知识产权壁垒、跨学科协作困难、标准不统一等挑战。例如，大数据的权属界定、人工智能创造物的版权保护等问题，制约了数据驱动型技术的集成；跨部门协作中，不同主体的利益诉求差异可能导致集成失败。

3.6.1 构建协同创新机制

为应对这些挑战，需要构建协同创新机制。农业农村部通过成立联合攻关小组、建立院所与地方合作机制，推动了绿色增产技术的集成与示范；丰城市的科学施肥项目通过“先建后补”的补贴政策，引导种植大户采用机械侧深施肥技术。这些机制通过政策引导、利益共享，促进了技术集成的落地。

3.6.2 标准化与模块化

标准化与模块化是降低集成成本的关键。数据中心的预制模块化解决方案、磁控软体驱动器的模块化设计，通过标准化接口和可配置单元，实现了技术的快速复用；智能制造样板间通过统一数据平台 Teamcenter，实现了研发、生产、服务的数据协同。这些实践表明，标准化能够降低集成的试错成本，提升系统的可扩展性。

第九章　概念验证

概念验证是科技成果转化为财富的一个关键环节，通过对技术可行性和商业可行性的验证，对该成果变现能力、变现路径和方法、变现方案进行全方位模拟和论证。

开发“技术验证数字孪生系统”，集成CAD/CAE工具、市场数据API、专利分析模块，实现从技术参数到商业可行性的全链路模拟，能够缩短验证周期；利用区块链技术建立“验证过程存证平台”，自动记录实验数据、专家评审意见、资金使用情况，提升成果可信度，降低后续融资的尽调成本。

第一节　从科学实验到科技成果产业化的关键跨越

概念验证始终是连接科学发现与产业应用的关键纽带。在新一轮科技革命中，概念验证的价值将从“商业与技术可行性证明”升维为“创新生态构建”，成为驱动科技生财的核心引擎。

1.1 从自然哲学到工业革命的技术雏形

1.1.1 古代科学实验的验证逻辑

在公元前4世纪，亚里士多德提出“物体下落速度与重量成正比”的理论，这一观点主导了欧洲学术界近2000年。直到1589年，伽利略在比萨斜塔进行自由落体实验，通过两个铁球同时落地的现象推翻了这一谬误。这场实验不仅验证了物理定律，更开创了“观察—假设—实验”的科学方法论，成为概念验证的原始雏形。

1.1.2 工业革命的技术验证实践

1764 年，瓦特在修理纽科门蒸汽机时发现其热效率低下的问题。他通过添加冷凝器、改进活塞结构等一系列实验，将蒸汽机的热效率从 1% 提升至 5%，并最终实现了从往复运动到旋转运动的动力转换。这一过程中，瓦特制作了超过 50 个原型机，形成了“问题诊断—原理验证—工程优化”的技术验证范式，为工业革命奠定了基础。

1.2 从实验室到产业化的跨越

1.2.1 美国高校概念验证中心的诞生

2001 年，美国加州大学圣迭戈分校建立全球首个高校概念验证中心——冯·李比希创业中心。该中心通过“技术评估—商业建模—种子基金”的服务模式，成功将高校专利转化率从不足 5% 提升至 30%。麻省理工学院德什潘德中心则采用里程碑式资金投入模式，累计为 125 个项目提供 1700 万美元资助，其中 30% 的项目成功实现产业化。

1.2.2 全球概念验证体系的扩散

新加坡于 2008 年启动概念验证资助计划，为每个项目提供 25 万新元资助，重点支持生物医药、电子信息等领域。

欧盟则在 2011 年设立欧洲研究理事会（ERC）概念验证计划，2014 年《地平线 2020》将单个项目资助额度提高至 15 万欧元，覆盖能源、材料等关键领域。

中国在 2017 年将概念验证首次写入中央文件，2022 年科技部提出“差异化金融支持”政策，北京、上海、深圳等地建成 40 余个概念验证中心，形成“引投联动型”“需求驱动型”等六大模式。

1.3 从原型机到数字化验证

1.3.1 信息技术驱动的验证革新

（1）计算机辅助设计（CAD）：1963 年 MIT 开发的 SKETCHPAD 系统，使工程师能够通过图形交互进行产品设计验证，将传统机械设计周期缩短 70%。

（2）虚拟仿真技术：ANSYS 等有限元分析软件的出现，使汽车碰撞测试、航空流体力学模拟等复杂验证场景实现数字化，成本降低 90%。

（3）区块链技术：通过智能合约实现技术验证过程的不可篡改记录，如欧盟“Block4Sustain”项目利用区块链追踪绿色技术验证数据，提升投资者信任度。

1.3.2 生物技术领域的验证突破

（1）基因编辑技术：CRISPR/Cas9 系统从 2012 年理论提出到 2020 年诺贝尔获奖，其间经历了超过 2000 次细胞实验验证，形成“靶点筛选—脱靶检测—临床前研究”的验证链条。

（2）合成生物学：Ginkgo Bioworks 公司建立“细胞编程—代谢通路设计—发酵优化”的数字化验证平台，将微生物菌株开发周期从 18 个月压缩至 3 个月。

1.4 从政策引导到生态构建

以我国概念验证体系建设为例。

1.4.1 政策体系的完善

2017 年《国家技术转移体系建设方案》明确支持概念验证，2022 年《“十四五”技术要素市场专项规划》提出“差异化的金融支持”。2024 年《中共中央关于进一步全面深化改革、推进中国式现代化的决定》提出：“深化科技成果转化机制改革，加强国家技术转移体系建设，加快布局建设一批概念验证、中试验证平台，完善首台（套）、首批次、首版次应用政策，加大政府采购自主创新产品力度。”

河北省设立首只 1000 万元概念验证基金，淄博市建成 5 个专业概念验证中心，通过“技术验证 + 场景适配 + 资本对接”模式，推动声学材料、数字医疗等项目落地。

1.4.2 典型案例分析

（1）西安交通大学：2018 年成立高校首个概念验证中心，建立“技术成熟度评估模型”，将专利转化周期从 5 年缩短至 2 年。

（2）中关村科学城：北航概念验证中心与航天科技集团合作，通过“需求清单—技术匹配—联合验证”机制，解决卫星部件轻量化等 12 项技术难题。

1.5 未来：技术融合与生态重构

1.5.1 技术创新方向

（1）人工智能辅助验证：AlphaFold2 系统通过深度学习预测蛋白质结构，使药物研发早期验证效率提升 50 倍。

（2）数字孪生技术：特斯拉利用虚拟工厂模拟电池生产过程，将工艺验证周期从 6 个月缩短至 2 周。

（3）3D 打印技术：惠普金属 3D 打印技术实现复杂结构快速原型制造，使航空航天部件验证成本降低 60%。

1.5.2 生态体系升级

（1）全球协同验证：欧盟“Horizon Europe”计划推动跨国技术验证联盟，如“EUREKA”项目组联合 12 国实验室验证量子计算技术。

（2）政策工具创新：美国 SBIR 计划将概念验证资助与税收优惠结合，企业可申请最高 15 万美元资助，并享受研发费用加计扣除。

（3）人才培养体系：斯坦福大学开设“技术验证与创业”课程，将专利分析、商业建模纳入工程教育体系。

第二节 美国概念验证发展研究：政策、实践与生态体系

美国概念验证体系的核心竞争力，在于将技术转化过程分解为可管理、可评估、可迭代的验证节点，通过政策资金降低试错成本、通过多元主体分担验证风险、通过市场机制筛选有效创新。

2.1 美国概念验证的起源与制度奠基

2.1.1《拜杜法案》开启技术转化新纪元

1980年《拜杜法案》(Bayh-Dole Act)的颁布被视为美国概念验证体系的起点。该法案允许高校和小企业保留联邦资助研发成果的知识产权，彻底改变了此前联邦实验室专利转化率不足5%的局面。法案实施后，斯坦福大学率先建立技术许可办公室(OTL)，将1984年诺贝尔物理学奖得主朱棣文的激光冷却技术通过概念验证，最终形成价值数十亿美元的医疗设备产业。数据显示，1996—2016年，美国高校通过概念验证实现的专利许可收入从20亿美元增长至43亿美元，催生了3万多家衍生企业。

2.1.2 高校概念验证中心的创新实践

加州大学圣迭戈分校冯·李比希创业中心(2001)作为全球首个高校概念验证中心，其独创的“三阶段验证模型”(技术成熟度评估、商业可行性分析、原型机开发)成为行业标杆。中心设立200万美元种子基金，要求项目团队配套25%资金，形成“风险共担”机制。例如，将神经科学领域的脑机接口技术经过18个月验证，吸引2000万美元A轮融资，成立Neuralink早期技术供应商NeuroPace。

麻省理工学院德什潘德中心(2002)开创“里程碑式资助”模式，将验证过程分为原理验证(5万美元)、工程验证(15万美元)、商业化准备(25万美元)三个阶段，累计资助125个项目，其中30%的项目

实现产业化。其开发的“技术—市场适配矩阵”工具，通过12个维度评估技术商业化潜力，被全球50多所高校借鉴。

2.2 从基础研究到产业落地的资金链构建

2.2.1 联邦政府主导的资助计划

（1）小企业创新研究计划（SBIR，1982）

三阶段资助模式：阶段一（15万美元），概念验证与可行性研究，重点评估技术风险；阶段二（100万美元），原型开发与市场调研，要求企业配套20%资金；阶段三是商业化阶段，政府优先采购符合条件的产品。

2023财年SBIR预算达42亿美元，累计资助超16万个项目，孵化出基因泰克（Genentech）、高通（Qualcomm）等行业巨头，平均每个项目带动社会投资12万美元。

（2）国家科学基金会概念验证计划（NSF PFI，2009）

聚焦基础研究转化：每年投入5000万美元，资助NSF资助项目进行概念验证，要求项目需通过“技术成熟度等级（TRL）3到5”的跨越，即从实验室原理到工程验证。

设立“创新团队奖”，允许研究团队引入商业顾问，配套提供商业培训模块。例如，支持MIT石墨烯电池项目从实验室样品（TRL3）到电动汽车电池包测试（TRL5），吸引特斯拉早期技术投资。

（3）先进研究项目局——能源（ARPA-E，2009）

高风险技术验证：专门针对TRL4–6的能源技术，单个项目资助上限达300万美元，允许10%资金用于“颠覆性失败”补偿。

例如，资助24M公司开发液态金属电池，通过3年验证解决规模化储能的寿命难题，带动雪佛龙、通用电气等企业1.2亿美元投资。

2.2.2 税收激励与监管创新

（1）研发税收抵免（R&D Tax Credit）：企业概念验证阶段费用可享受20%税收抵免，初创企业将可抵免额转化为工资税减免，2022年为企业节省超150亿美元税负。

（2）快速监管通道：FDA设立“突破性设备认定”，通过概念验证的医疗设备可缩短50%审批周期，2023年有127个项目受益，其中包括西门子的AI医学影像诊断系统。

2.3 生态体系构建：多元主体协同创新网络

2.3.1“高校—企业—资本”的三角联动

（1）高校技术转化枢纽

斯坦福大学技术许可办公室（OTL）建立“技术成熟度自评工具”，要求申请验证的项目完成至少3项核心指标，即专利布局、初步市场调研、原型机设计。2022年转化23项技术，平均验证周期14个月，衍生企业平均估值达1.2亿美元。

哈佛创新实验室（Harvard i-lab）提供“概念验证沙盒”，开放价值500万美元的共享实验设备，配套商业导师库（含300位企业家），2023年孵化出癌症早筛公司GRAIL的早期技术原型。

（2）企业内部概念验证机制

贝尔实验室“创新熔炉”计划，设立独立于业务部门的验证单元，允许工程师使用15%工作时间进行跨界探索，诞生了5G核心调制技术等突破成果。

谷歌X实验室（Moonshot Factory）采用“目标—信号—验证”框架，设定10倍于传统技术的性能目标，通过阶段性“现实检查点”（如无人机配送项目需完成100次真实场景试飞）来淘汰低效项目，保留率仅8%。

（3）资本生态的分层支持

天使投资网络（如 Tech Coast Angels）偏好 TRL4–5 项目，平均单笔投资 50 万 ~100 万美元，要求项目完成至少 2 项关键验证，如样品测试、客户订单意向书。

红杉资本在 A 轮投资中普遍设置技术验证节点，如生物医药项目需完成 IND 申报（美国新药临床试验申请），未达标则触发估值调整机制。

2.3.2 区域创新集群的验证优势

（1）硅谷

硬件验证生态依托台积电（TSMC）、应用材料（Applied Materials）的中试线资源，初创企业可在 3 个月内完成芯片流片验证，成本较东部地区低 40%。例如，Nuvia 公司通过硅谷验证网络，18 个月完成自研 ARM 芯片的性能验证，2022 年被苹果公司以 60 亿美元收购。

（2）波士顿

生物医药验证高地拥有 120 家 CRO（合同研究组织），形成“靶点验证—细胞实验—动物模型”完整链条，单个新药概念验证成本约 1500 万美元，周期 18~24 个月，低于全球平均水平 30%。辉瑞、默克等药企设立“外部验证基金”，直接采购高校验证成熟的候选药物分子。

2.4 典型案例：从实验室到市场的完整验证路径

2.4.1 辉瑞 mRNA 疫苗的快速验证（2020—2021）

2018 年与 BioNTech 合作，基于 LNP（脂质纳米颗粒）递送技术的早期概念（TRL3）。

阶段一（6 个月），完成体外细胞验证，确认 mRNA 在人体细胞内的蛋白表达效率（靶点验证）；

阶段二（3 个月），完成动物模型验证，完成恒河猴攻毒实验，保护率达95%（安全性验证）；

阶段三（4个月），完成临床Ⅰ/Ⅱ期验证，快速招募4.4万名志愿者，通过实时数据分析平台完成免疫原性评估（合规性验证）。

从概念到FDA紧急使用授权仅用了22个月，打破疫苗研发的历史纪录，验证阶段累计投入12亿美元，带动全球mRNA技术投资超200亿美元。

2.4.2 特斯拉电池生产工艺验证（2017—2019）

特斯拉当时面临一个重大的技术挑战，即4680电池的干电极工艺（去除溶剂工序）面临涂布均匀性难题。

首先，建立“数字孪生工厂”。通过西门子PLM软件模拟涂布过程，1周内完成1000次参数迭代，确定最佳涂布速度（5米/分钟）和温度（85℃）。

其次，进行中试线验证。在弗里蒙特工厂建设小型产线，连续生产10万颗电池，通过X射线断层扫描检测内部结构，缺陷率从12%降至1.5%。

最后，进行量产爬坡验证。采用“试点生产—问题回溯—工艺修正”循环，每生产1000组电池进行全链路质量追溯，6个月内良率提升至98.7%。

最终验证成本较传统工艺降低60%，推动电池制造成本从148美元/千瓦时降至98美元/千瓦时，支撑特斯拉Model 3实现盈利。

2.5 美国模式的深层矛盾

2.5.1 技术转化的“死亡之谷”依然存在

尽管美国概念验证体系成熟，但仍有40%高校项目在TRL4–5阶段夭折，跨不过“死亡之谷”。主要原因包括：

（1）“技术—市场”错配。MIT的一项能源存储技术因过度追求技术指标（能量密度提升 30%），忽视工业界对成本的容忍度（目标成本超出市场接受价 2 倍）。

（2）验证标准单一。生物医药领域过度依赖动物实验数据，2022 年 36% 进入临床的项目因人体反应差异失败，暴露早期验证模型的局限性。

2.5.2 区域发展不平衡加剧

加州、马萨诸塞州、得克萨斯州三州获得全国 68% 的概念验证资助，而中西部传统工业州面临“验证能力空心化”，例如俄亥俄州 2023 年高校专利转化率仅 12%，不足加州的 1/3。同时，中小企业验证资源匮乏，年营收低于 500 万美元的企业获得 SBIR 资助的比例从 2015 年的 45% 降至 2023 年的 32%，反映出验证门槛的隐性提高。

2.5.3 伦理与监管的滞后性

AI 领域的算法公平性验证缺失，2023 年美国联邦贸易委员会（FTC）对 3 家使用未经验证 AI 招聘系统的企业开出 2300 万美元罚单；基因编辑技术的早期验证存在“脱靶效应”评估盲区，2022 年 Editas Medicine 的 CRISPR 疗法因验证数据不完整被 FDA 暂停临床试验。

第三节 科技成果商业可行性验证

在科技成果产业化的复杂征程中，概念验证绝非一次性的项目管理任务，而是企业必须构建的核心能力建设体系，要将验证思维融入日常运营。企业唯有构建高效的验证体系，以验证能力的确定性对冲创新的不确定性，才能在科技成果产业化的赛道上抢占先机，将技术势能转化为持续增长的商业动能，实现企业的可持续发展。

打造专业化的验证团队至关重要，通过内部培训和外部引进相结合的方式，培养和吸引一批高素质的验证专业人才以及持续的数字化工具开发是提升验证效率与精准度的关键支撑。同时，积极融入创新生态网络，与高校、科研机构、产业链上下游企业以及投资机构等建立紧密的合作关系，共同推动科技成果的验证与转化，共同制定行业标准，提升企业在行业内的影响力和话语权。

3.1 科技成果产业化的核心挑战与验证价值

3.1.1 科技成果产业化的“死亡之谷”困境

在当今科技创新驱动发展的时代，科技成果产业化作为连接科学研究与市场应用的关键桥梁，其重要性不言而喻。然而，现实中科技成果产业化却面临着诸多严峻挑战，其中最为突出的是“死亡之谷”困境。

从全球范围来看，科研成果实现产业化的比例极低，仅有约5%的实验室成果能够成功跨越重重障碍，最终走向市场实现产业化应用。在中国，高校科技成果产业化率不足15%。TRL 4-6阶段的验证断层是阻碍科技成果产业化的主要瓶颈。在这一阶段，科研成果虽然已经在实验室环境中取得了一定的进展，但与实际的市场应用仍有较大差距，需要进行大量的商务、技术验证、产品优化以及市场适配等工作。

企业在这一关键环节中，面临着诸如工艺稳定性差、品控难、与市场脱节等问题，可能导致技术无法顺利实现产业化，其根本原因还是商业可行性验证没有做到位。在商业模式设计上，从科研成果到商业产品的转化，需要构建一套包括产品定位、营销策略、盈利模式等在内的完整商业模式，验证企业在技术可行性、市场匹配度、商业模式设计等关键环节的风险评估与防范能力，使得科技成果具备成功跨越“死亡之谷”的条件，实现从实验室到市场的蜕变。

3.1.2 概念验证的价值重构

在科技成果产业化的艰难征程中，概念验证作为一种系统性的验证方法，正逐渐凸显出其不可替代的重要价值。通过技术原型开发、市场需求验证、成本效益分析等一系列科学严谨的验证环节，概念验证能够为科技成果的商业化之路提供坚实的支撑和保障，使技术成果商业化成功率提升40%。

以深圳为例，2023年，经概念验证的项目后续融资成功率高达68%。这一数据表明，经过概念验证的项目在市场上更具吸引力，能够更容易地获得投资者的青睐和资金支持。概念验证还将项目的平均验证周期缩短至14个月，大大提高了科技成果产业化的效率，使得企业能够更快地将科研成果推向市场，抢占市场先机。

3.2 商业可行性验证的四维模型

为了有效应对科技成果产业化过程中的诸多挑战，提高科技成果商业化的成功率，企业需要构建一套科学、系统、全面的验证体系。我们从技术可行性、市场需求、商业模式、风险管控四个维度建立了商业可行性模型，简称“四维验证模型”，助力企业成功跨越科技成果产业化的“死亡之谷”。

3.2.1 技术可行性验证

技术可行性验证是科技成果商业化的基础，其核心在于确保技术能够稳定、可靠地实现产品化，并在市场中保持竞争力。这一验证过程涵盖了原型开发、技术壁垒评估以及合规性测试等关键环节，每个环节都对技术的最终落地和应用起着至关重要的作用。

（1）技术壁垒评估是技术可行性验证的重要环节，它关乎企业在市场中的核心竞争力和可持续发展能力。运用专利地图分析工具，企业可以全面、直观地了解自身在技术领域的布局和竞争态势。比如，华引芯在Mini-LED技术研发过程中，高度重视专利布局，通过深入的专利地图分析，精准把握技术发展趋势和竞争对手的专利分布情况。构建了Mini-LED技术严密的专利保护网，确保核心技术拥有至少3项发明专利布局，形成了强大的技术壁垒，有效阻止了竞争对手的模仿和抄袭，使华引芯在 Mini - LED 市场中占据了有利的竞争地位，赢得市场份额和客户信任。

（2）合规性测试是技术可行性验证中不可或缺的一环，它确保技术和产品符合相关法规、标准和规范的要求，保障了产品的安全性和可靠性，为产品进入市场提供了通行证。在生物医药领域，完成良好实验室规范（Good Laboratory Practice，GLP）标准的毒理实验是新药研发过程中的关键步骤。毒理实验通过对药物在动物体内的毒性反应进行研究，评估药物的安全性和潜在风险，为药物的临床应用提供重要依据；医疗器械行业则需通过 ISO 13485 体系认证，该认证是针对医疗器械质量管理体系的国际标准，涵盖了医疗器械的设计开发、生产、安装、服务等全过程，确保医疗器械的质量和安全。只有通过这些严格的合规性测试，生物医药和医疗器械产品才能进入市场，为患者的健康和安全提供保障，同时也为企业避免了潜在的法律风险和市场风险。

3.2.2 市场需求验证

市场需求验证是科技成果商业化的关键，它直接关系到产品能否在市场中获得认可和接受，实现商业价值。这一验证过程主要通过场景化调研、客户验证矩阵以及竞争壁垒分析等方式，深入了解市场需求、客户反馈以及竞争态势，为产品的市场定位和优化提供有力支持。

（1）场景化调研是市场需求验证的重要手段，它通过深入了解产品在实际应用场景中的需求和痛点，为技术与市场的精准对接提供依据。采用“需求清单—技术匹配”机制，能够更加系统、全面地分析市场需求与技术之间的契合度。中国矿大概念验证中心与徐工集团紧密合作，深入挖掘徐工集团在实际工况中的需求，收集大量真实工况数据。通过对这些数据的分析和研究，中国矿大概念验证中心精准把握了徐工集团在电动驱动系统方面的技术需求，从而有针对性地对电动驱动系统进行优化设计。经过优化后的电动驱动系统，能够更好地适应徐工集团的实际工况，提高了设备的运行效率和可靠性，满足了市场需求，实现了技术与市场的有效对接，为科技成果的商业化应用奠定了坚实基础。

（2）客户验证矩阵的建立是获取客户反馈、了解市场需求的重要途径。通过建立包含 30 家以上潜在客户的验证网络，企业可以广泛收集客户对产品性能、价格敏感度等方面的反馈信息，为产品的优化和市场策略的制定提供依据。上海绿色低碳中心在推广某一绿色技术产品时，精心构建了客户验证矩阵，积极与众多潜在客户进行沟通和交流。通过客户验证矩阵，该中心全面了解了客户对产品性能的期望和要求，以及客户对产品价格的敏感度。根据这些反馈信息，中心对产品进行了有针对性的优化和调整，提高了产品的性能和性价比，使其更符合市场需求。同时，这些反馈也为中心制定合理的市场策略提供了参考，帮助中心更好地定位市场，提高产品的市场占有率。

（3）竞争壁垒分析是市场需求验证的重要环节，它有助于企业了解市场竞争态势，明确自身的竞争优势和差异化特点。运用波特五力模型，从现有竞争者的竞争强度、潜在进入者的威胁、替代品的威胁、供应商的议价能力以及购买者的议价能力五个维度对市场竞争格局进行分析，能够全面评估市场竞争状况。武汉光电子中试平台在对某一光电子技术进行市场需求验证时，运用“波特五力模型”进行深入分析。通过分析发现，该技术在某些关键技术指标上具有明显优势，能够超出竞品 20%，这使得该技术在市场竞争中具有较强的竞争力。或者通过优化成本结构，使产品成本降低 30%，从而在价格上具有竞争优势。这些竞争优势为该技术的市场推广和商业化应用提供了有力保障，使其能够在激烈的市场竞争中脱颖而出，赢得市场份额和客户认可。

3.2.3 商业模式验证

商业模式验证是科技成果商业化的核心，它决定了企业如何通过技术和产品实现盈利、构建可持续发展的商业生态，验证过程主要包括盈利模式设计、成本收益模型以及生态合作验证等方面，每个方面都对企业的商业成功起着关键作用。

（1）盈利模式设计是商业模式验证的首要任务。构建多元化、复合的盈利结构能够降低企业的经营风险，提高盈利能力。“技术授权＋产品销售＋服务增值”的复合盈利结构是一种常见且有效的盈利模式。北京市在科技成果产业化过程中，创新性地采用了“先用后转”模式。在这种模式下，企业可以先免费试用高校的技术成果，在试用过程中对技术进行充分评估和验证，确定其能够为企业带来实际价值后，再进行技术转让。这种模式不仅降低了企业的技术引进风险，提高了技术成果的转化率，还为高校带来了稳定的技术授权收入。通过提供优质的产品和专业的服务，高校还可以获得产品销售收入和服务增值收入，实现了盈利模式的多元化，为高校和企业的合作共赢奠定了坚实基础。

（2）成本收益模型的建立是商业模式验证的关键环节，它能够帮助企业准确评估科技成果产业化的经济效益，为决策提供科学依据。苏州微纳光制造平台在进行商业模式验证时，建立了详细的动态财务模型。通过对原材料采购成本、生产制造成本、市场推广成本等各项成本的精确核算，以及对产品销售收入、技术服务收入等各项收益的合理预测，该平台准确评估了项目的盈利能力。在量产阶段，通过优化成本结构和提高生产效率，该平台成功实现了毛利率≥35%的目标，确保了项目的经济可行性和可持续发展能力，为企业的投资决策提供了有力支持。

（3）生态合作验证是商业模式验证的重要方面，它能够整合产业链资源，实现优势互补，共同推动科技成果的商业化应用。深圳特种机器人验证中心在推动特种机器人技术商业化过程中，积极与产业链上下游企业展开合作，与多家核心零部件供应商、系统集成商以及应用企业签订了协同开发协议，形成了紧密的产业联盟。通过产业联盟，各方充分发挥各自的优势，共同进行技术研发、产品优化和市场推广。这种合作模式不仅加快了特种机器人技术的商业化进程，还提高了产品的质量和性能，满足了市场对特种机器人的多样化需求，为产业的发展注入了强大动力，实现了产业链各方的互利共赢。

3.2.4 风险管控验证

风险管控验证是科技成果商业化过程中的重要保障，它能够帮助企业识别、评估和应对各种潜在风险，确保项目的顺利推进和商业目标的实现。这一验证过程主要涉及技术风险、市场风险和政策风险等方面，针对不同类型的风险，企业需要采取相应的应对策略。

（1）技术风险是科技成果商业化过程中面临的主要风险之一，技术的不确定性和快速迭代可能导致项目的失败或延误。预留 20% 验证资金用于应对技术迭代是一种有效的风险应对策略。MIT 德什潘德中心设立了“颠覆性失败”补偿机制，当项目因技术迭代等原因遭遇失败时，中心会从预留资金中给予一定的补偿，帮助企业缓解资金压力，降低技术风险带来的损失。这一机制鼓励企业积极进行技术创新和探索，即使面临技术失败的风险，也能够有足够的资金和资源进行调整和改进，为技术的持续发展提供了保障。

（2）市场风险是科技成果商业化过程中不可忽视的风险，市场接受度的不确定性可能导致产品销售不畅，影响企业的经济效益。通过预售协议、对赌条款等方式锁定首批订单，能够有效降低市场接受度风险。浙江香满亭采用“先用后转”模式，与客户签订预售协议，客户在试用产品满意后再进行正式购买。这种模式在一定程度上锁定了市场需求，降低了市场风险；香满亭还与客户签订对赌条款，根据产品的销售业绩、市场占有率等指标进行对赌，激励双方共同努力，提高产品的市场表现，确保企业能够实现预期的经济效益。

（3）政策风险是科技成果商业化过程中需要关注的风险之一，为了降低政策风险，企业可以同步布局国内国际认证体系，制定双路径开发方案。当国内政策发生变化时，企业可以通过国际市场渠道继续推进项目；反之，当国际政策出现调整时，企业可以依靠国内市场保障项目的稳定发展。这种双路径开发方案能够增强企业对政策变化的适应能力，确保项目在不同政策环境下都能够顺利实施，实现科技成果的商业化应用。

3.3 验证执行的五阶段实施框架

3.3.1 项目筛选（1~2 个月）

项目筛选是科技成果商业可行性验证的首要环节，其核心在于从众多的科技成果项目中精准识别出具有高潜力的项目，为后续的验证工作奠定坚实基础。建立科学合理的评估模型是实现这一目标的关键。

在评估模型的构建中，技术创新性应占据重要权重，设定为 30%。这是因为技术创新性是科技成果的核心竞争力所在，它决定了产品或服务在市场中的独特性和领先地位；市场潜力权重设定为 40%；团队能力同样至关重要，权重为 20%；政策契合度虽权重相对较低，为 10%，但它对项目的发展也具有重要影响。符合政策导向的项目能够获得政府的支持和资源倾斜，降低政策风险，为项目的顺利开展提供有力保障。

吉林大学在科技成果产业化项目筛选过程中，采用了“技术成熟度 + 产业关联度”双维度筛选模型，取得了显著成效。通过对技术成熟度的评估，吉林大学能够准确判断科技成果在技术层面的可靠性和可行性，确保项目具备进入市场的技术基础；对产业关联度的分析，则有助于了解科技成果与现有产业的融合程度和协同效应，提高项目在市场中的适应性和竞争力。通过这一双维度筛选模型，吉林大学有效提高了项目筛选的质量和效率，为后续的科技成果产业化工作提供了优质的项目资源。

3.3.2 验证规划（1 个月）

验证规划是科技成果商业可行性验证的关键阶段，它为整个验证过程提供了明确的方向和指导,确保验证工作有条不紊地进行。制定详细、科学的验证路线图是验证规划的核心任务，应全面涵盖技术参数、市场测试节点以及资金使用计划等关键要素，为验证工作的实施提供具体的操作指南。

首先，在技术参数方面，应明确科技成果在各个验证阶段所需达到的技术指标和性能要求，这些技术参数是衡量科技成果是否具备商业可行性的重要依据。

其次，市场测试节点的规划则是确保科技成果能够紧密贴合市场需求，及时获取市场反馈的关键。通过合理设置市场测试节点，企业可以在不同阶段对科技成果进行市场验证，根据市场反馈及时调整和优化产品或服务，提高市场匹配度。

最后，资金使用计划的制订则是保障验证工作顺利进行的重要支撑，它能够帮助企业合理分配资金资源，确保在验证过程中有足够的资金支持各项工作的开展，同时避免资金的浪费和滥用。

为了更好地推动可视化验证进度，提高验证工作的管理效率，使用甘特图是一种行之有效的方法。甘特图能够以直观的方式展示验证工作中各个任务的时间安排、进度情况以及任务之间的逻辑关系，使项目团队成员能够清晰地了解整个验证过程的全貌。在甘特图中，关键节点设置“通过 / 终止”决策点是至关重要的。这些决策点是对验证工作阶段性成果的重要检验，当项目在关键节点通过验证时，表明项目进展顺利，可以继续推进下一阶段的工作；而当项目在关键节点未能通过验证时，项目团队需要对问题进行深入分析，评估是否需要终止项目，或者采取相应的改进措施后重新进行验证。通过设置“通过/终止”决策点，企业可以及时发现问题，避免在无效的项目上继续投入资源，降低验证成本和风险。

3.3.3 资源整合（持续）

建立“高校实验室+企业工程中心+第三方检测机构”的验证网络是资源整合的关键举措，这种多元化的验证网络能够充分发挥各方的专业优势和资源优势，实现资源的优化配置和协同创新。

高校实验室在基础研究和前沿技术探索方面具有独特的优势，拥有先进的科研设备、专业的科研人才以及丰富的科研成果；企业工程中心则更贴近市场需求，具备强大的工程化能力和产业化经验，能够将高校实验室的科研成果快速转化为实际的产品或服务；第三方检测机构则以其专业的检测技术和独立公正的检测服务，为科技成果的质量和性能提供权威的检测和认证，确保科技成果符合市场和行业的标准要求。

中国矿大与徐工集团的合作便是一个成功的范例，双方共建了测试平台，充分发挥了中国矿大在科研方面的优势以及徐工集团在工程化和产业化方面的优势。通过该测试平台，双方在技术研发、产品测试、工艺优化等方面展开了深入合作，有效加速了科技成果的转化进程，提高了科技成果的商业可行性。

在资源整合过程中，充分利用政策资源是降低验证成本、提高验证效率的重要途径。政府为了鼓励科技成果产业化，通常会出台一系列的扶持政策，其中概念验证补贴和研发费用加计扣除政策是企业可以重点关注和利用的。

3.3.4 动态验证（6~18 个月）

动态验证是科技成果商业可行性验证的核心阶段，它通过持续的验证和反馈，不断优化科技成果，提高其商业可行性。采用“小步快跑”策略是动态验证的关键方法，这种策略强调验证过程的快速迭代和持续改进，使企业能够及时发现问题、解决问题，适应市场的变化和需求。

“小步快跑”策略要求企业每季度进行验证复盘，对验证过程中的技术指标、市场反馈、成本效益等方面进行全面的分析和总结。通过验证复盘，企业可以及时发现验证过程中存在的问题和不足之处，如技术参数未达标、市场需求理解偏差、成本超支等。针对这些问题，企业可以迅速调整验证方案和策略，采取相应的改进措施，如优化技术方案、调整市场定位、控制成本等。这种快速迭代的验证方式能够使企业在不断试错和改进中，逐步完善科技成果，提高其商业可行性。

在动态验证过程中，数据驱动是实现科学决策和精准优化的重要手段。运用 Tableau 等数据分析工具建立验证数据库，能够实时收集、整理和分析验证过程中的各种数据，为企业提供全面、准确的数据支持。基于这些数据，企业可以进行深入的数据分析和挖掘，找出数据背后的规律和趋势，为决策提供科学依据。当发现技术参数达标率下降时，企业可以通过数据分析找出影响技术参数的关键因素，有针对性地进行技术改进；当客户满意度不高时，企业可以通过分析客户反馈数据，了解客户的需求和痛点，优化产品或服务，提高客户满意度。通过数据驱动的动态验证，企业能够实现验证过程的精细化管理和精准优化，提高科技成果商业可行性验证的效率和质量。

3.3.5 成果转化（开放，持续）

建立“验证成功—中试放大—量产准备”的快速通道是成果转化的关键路径，这种快速通道能够有效缩短科技成果从实验室到市场的转化周期，提高转化效率。

深圳概念验证中心与中小试基地的无缝衔接为成果转化提供了良

好的范例。深圳概念验证中心专注于科技成果的概念验证工作，通过一系列科学严谨的验证环节，筛选出具有商业潜力的科技成果。中小试基地则承接概念验证中心验证成功的项目，进行中试放大和量产准备工作；在中试放大阶段，中小试基地对科技成果进行进一步的优化和完善，解决在规模化生产过程中可能出现的技术、工艺、质量等问题，为量产做好充分准备。通过这种无缝衔接的快速通道，科技成果能够顺利实现从概念验证到中试放大再到量产准备的转化过程，加速了科技成果的产业化进程，提高了科技成果的商业价值。

在成果转化过程中，资本对接是获取资金支持、推动项目发展的重要环节。通过路演等方式，企业可以向风险投资机构展示科技成果的商业潜力和发展前景，吸引风险投资的关注和投入。

设置“验证里程碑”对赌条款是一种常见的资本对接策略，参考硅谷红杉资本模式，企业可以与风险投资机构约定，在达到特定的验证里程碑时，如技术指标达标、市场占有率达到一定水平等，风险投资机构将进一步追加投资；反之，如果未能达到验证里程碑，企业需要按照约定对风险投资机构进行补偿。这种对赌条款能够激励企业努力实现验证目标，同时也为风险投资机构提供了一定的保障，降低了投资风险，促进了资本与科技成果的有效对接，推动了科技成果的商业化进程。

3.4 案例分析

3.4.1 华引芯：校企协同验证模式

华引芯（武汉）科技有限公司作为一家专注于高端光源芯片与光器件研发、封测的创新型高新技术企业，在科技成果产业化过程中，通过与高校紧密合作，采用校企协同验证模式，成功将华中科技大学的量子点膜技术从实验室推向市场，实现了科技成果的商业化应用，为企业在车载光源领域的发展奠定了坚实基础。

华引芯的技术起点源自华中科技大学的量子点膜技术，该技术在初始阶段处于 TRL3（技术就绪水平 3），即原理验证阶段。虽然该技术在理论上展现出了在显示领域的巨大潜力，如能够提供更高的色彩饱和度和更广的色域覆盖范围、提升显示效果，但其在实际应用中仍面临诸多挑战，距离商业化应用还有很长的路要走。

为了将这一技术转化为实际的商业产品，华引芯与光谷实验室展开深度合作。光谷实验室充分发挥其在科研资源和技术研发方面的优势，对量子点膜技术进行了深入研究和优化，完成了首台套验证。在这一过程中，光谷实验室攻克了量子点膜在制备工艺、稳定性等方面的关键技术难题，为华引芯后续的产品开发提供了技术支持。基于光谷实验室的验证成果，华引芯投入大量研发资源，对量子点膜技术进行二次开发，成功开发出基于量子点膜的车载背光源。这一产品不仅充分发挥了量子点膜的技术优势，提升了车载显示屏的显示效果，还针对车载环境的特殊要求，在可靠性、稳定性等方面进行了优化设计。

产品开发完成后，华引芯与华星光电展开合作，进行量产测试。华星光电作为显示面板行业的龙头企业，拥有先进的生产设备和严格的质量检测标准。在量产测试过程中，华引芯根据华星光电的反馈，对车载背光源的生产工艺和产品性能进行了持续优化。经过多轮测试和改进，产品的良品率成功提升至 98.7%，达到了大规模生产的要求。华引芯还通过优化供应链管理和生产流程，将产品成本降低了 40%，大大提高了产品的市场竞争力。

通过这一系列的验证和优化过程，华引芯基于量子点膜的车载背光源成功进入特斯拉供应链。这不仅标志着华引芯在车载光源领域取得了重大突破，也证明了校企协同验证模式在科技成果产业化中的有效性和可行性。通过与高校和科研机构的紧密合作，华引芯充分利用各方优势资源，成功跨越了科技成果产业化的“死亡之谷”，实现了从技术到产品的转化，为企业带来了显著的经济效益和市场竞争力。

3.4.2 矿大概念验证中心：需求导向型验证

矿大概念验证中心以其独特的需求导向型验证模式，在科技成果产业化领域取得了显著成效。以 300 千瓦开关磁阻驱动电机系统项目为例，该中心通过深入挖掘市场需求，紧密围绕徐工集团的实际工况进行验证和优化，成功推动了科技成果的商业化进程，为企业和行业的发展注入了新的活力。

300 千瓦开关磁阻驱动电机系统项目由中国矿业大学电气工程学院教授陈昊团队研发，旨在为电动工程车辆提供高效、可靠的驱动解决方案。该项目在初始阶段面临着技术与市场对接的难题，虽然在技术层面取得了一定进展，但对于如何满足市场实际需求，尤其是徐工集团等行业龙头企业的特殊要求，缺乏明确的方向。

矿大概念验证中心敏锐地捕捉到这一项目的潜力，并积极与陈昊团队合作。中心首先帮助团队对接徐工集团的真实工况需求，深入了解电动工程车辆在实际作业中的运行环境、负载变化、可靠性要求等关键信息。根据这些需求，陈昊团队在矿大概念验证中心的支持下，对 300 千瓦开关磁阻驱动电机系统进行了 1∶1 原型机开发，并在徐工集团的实际作业场景中进行了严格的测试。在测试过程中，团队收集了大量的实际运行数据，对电机系统的性能、可靠性、稳定性等方面进行了全面评估。

基于测试数据，陈昊团队对原型机进行了多轮优化。在优化过程中，团队充分考虑了徐工集团的反馈意见，对电机的结构设计、控制算法、散热系统等关键部分进行了改进，以提高电机系统的性能和可靠性，使其更好地适应徐工集团的实际工况需求。矿大概念验证中心还协助团队进行商业模式设计，最终确定了“技术授权 + 联合研发”的商业模式。这种商业模式既能充分发挥中国矿业大学的技术优势，又能借助徐工集团的市场资源和工程化能力，实现双方的优势互补和合作共赢。

通过矿大概念验证中心的全方位支持和团队的不懈努力，300 千瓦开关磁阻驱动电机系统项目取得了显著成效。项目的验证周期仅为 9 个月，大大降低了科技成果产业化的时间成本。该项目成功吸引了 2000 万元 A 轮融资，为项目的进一步发展提供了充足的资金支持。在产品性能方面，优化后的电机系统性能超出进口竞品 15%，在效率、可靠性、稳定性等关键指标上表现出色，具有更强的市场竞争力，能够为徐工集团等客户提供更优质的驱动解决方案，推动电动工程车辆行业的技术进步和发展。

3.5 企业管理策略

3.5.1 高管层决策机制

在科技成果商业可行性验证过程中，高管层的决策机制起着至关重要的作用，直接关系到验证工作的推进效率和企业的战略方向。CTO（首席技术官）作为企业技术领域的最高负责人，具备深厚的技术背景和敏锐的技术洞察力，能够从技术层面为验证工作提供专业的指导和决策支持。

将验证成效纳入 CTO 的 KPI 考核，且权重 ≥ 20%，这一举措充分体现了企业对验证工作的重视程度。通过明确的 KPI 考核，能够激励 CTO 积极投入验证工作中，充分发挥其专业优势，推动验证工作的顺利开展。KPI 考核指标包括技术可行性验证的成功率、市场需求验证的准确性、商业模式验证的创新性等多个维度，全面衡量 CTO 在验证工作中的表现。

同时建立“技术—市场”双轨决策机制。在重大验证节点，如技术原型开发完成、市场需求验证初步完成、商业模式设计基本成型等阶段，组织技术专家和市场专家进行联合评审，充分听取不同领域的意见和建议，确保决策的科学性和全面性。技术专家从技术可行性、技术先进性等角度出发，对验证成果进行评估，确保技术能够满足市场需求并具有竞争力；市场专家则从市场需求、市场趋势、竞争态势等方面进行分析，为验证成果的市场推广和商业化应用提供策略建议。

重大验证节点需经董事会审议，这一机制进一步强化了决策的权威性和战略性。董事会作为企业的最高决策机构，能够从企业整体战略和长远发展的角度出发，对验证工作进行全面审视和决策。董事会在审议过程中，会综合考虑企业的财务状况、市场定位、战略目标等因素，权衡利弊，作出科学合理的决策。这不仅能保障验证工作与企业战略的一致性，还能为验证工作提供必要的资源支持和战略指导，确保验证工作能够顺利推进，为企业的科技成果产业化和商业成功奠定坚实基础。

3.5.2 科研团队赋能

科研团队是科技成果商业可行性验证的核心力量，为科研团队赋能，能够激发团队的创新活力和创造力，提高验证工作的质量和效率。

上海绿色低碳中心借鉴了国外先进的技术转移经验，结合自身实际情况，建立了一套完善的“技术经理人”培养体系。该体系通过内部培训、外部进修、实践锻炼等多种方式，培养了一批专业的技术经理人。这些技术经理人具备绿色低碳专业背景，同时在国家技术转移人才培养基地接受过系统的培训，获得了高级技术经理人证书。他们在科技成果产业化过程中，充分发挥了桥梁和纽带作用，能准确理解科研团队的技术成果和创新点，同时又能深入了解市场需求和商业运作模式。在与企业的沟通合作中，技术经理人能够将科研成果的技术优势转化为商业价值，为企业提供专业的技术咨询和解决方案，促进了科技成果与市场的有效对接。

另外，在科技成果商业可行性验证过程中，由于技术的复杂性和市场的不确定性，失败是难以避免的。设立“验证失败补偿基金”，例如允许科研团队使用 10% 验证资金用于合理试错，能够减轻科研团队的后顾之忧，让他们能够更加大胆地进行探索和创新。当科研团队在验证过程中遇到失败时，补偿基金可以为他们提供一定的资金支持，帮助他们分析失败原因，调整验证方案，继续进行验证工作。这不仅能保护科研团队的积极性和创新热情，还能为企业积累宝贵的经验教训，提高后续验证工作的成功率。

3.5.3 生态构建策略

自 2019 年起，滴滴与清华大学共建的未来出行联合研究中心，在智能网联汽车、自动驾驶、智慧交通等领域展开深度协同。双方整合技术与学术优势，构建起技术攻关、场景验证、生态赋能的完整链条。合作中，团队围绕智能网联汽车云控系统响应机制、自动驾驶复杂路况适配、智慧交通动态优化等核心方向，共研 107 项涵盖性能、安全、场景适配的精细化指标。通过模拟与真实场景的反复验证，成功攻克自动驾驶极端天气感知不足、交通系统突发状况调度滞后等难题，显著提升了技术成熟度与可靠性。这些成果不仅为滴滴出行产品研发提供硬核支撑，更推动了整个行业的技术迭代。

在技术开放与生态赋能层面，中心以产学研协同为核心，通过联合研发、人才培养加速技术转移，提供专业测试认证服务，促进产业链协同。“盖亚灯塔计划”等机制有效联动高校攻克感知算法、车路协同协议等关键难题，成果已在杭州、北京等城市规模化应用，显著提升当地交通效率。未来，双方将深化前沿技术研究，推动自动驾驶商业化落地，构建创新联合体，培育专精特新企业，共同完善未来出行生态。

3.6 挑战与对策

3.6.1 资金缺口

科技成果从实验室到市场的转化过程需要大量的资金投入，涵盖研发、测试、生产、市场推广等多个环节，每个环节都对资金有着持续且高额的需求。

为了解决这一难题，企业可采用“政府补贴＋企业自筹＋风险投资”的多元化融资模式。政府补贴在科技成果产业化过程中发挥着重要的引导和扶持作用，能够为企业提供一定的资金支持，减轻企业的资金压力；企业自筹则体现了企业对项目的信心和投入，通过自身的资金积累和运营收益，为验证工作提供稳定的资金来源；风险投资的引入能够为企业带来大量的资金支持，加速科技成果的转化进程。

通过这种多元化的融资模式，企业能够整合各方资金资源，为科技成果商业可行性验证工作提供充足的资金保障，推动验证工作的顺利开展。

3.6.2 跨部门协作

由于验证工作涉及技术、市场、财务等多个领域，需要不同部门之间密切配合、协同作战。然而，在实际工作中，部门之间往往存在信息不对称、目标不一致等问题，导致协作效率低下，影响验证工作的顺利进行。

为了打破部门之间的壁垒，提高跨部门协作效率，企业应建立矩阵式管理架构。在矩阵式管理架构下，由研发、市场、财务等部门组成联合验证小组，明确各部门在验证工作中的职责和任务。联合验证小组以项目为导向，打破部门之间的界限，实现信息的快速流通和共享。在小组中，各部门成员能够充分发挥自己的专业优势，共同为验证工作出谋划策，解决问题；定期召开跨部门沟通会议也是加强跨部门协作的重要手段。通过沟通会议，各部门能够及时汇报工作进展，分享工作经验，协调工作中的矛盾和问题，确保验证工作的各个环节能够紧密衔接，有序推进。

通过建立矩阵式管理架构和加强跨部门沟通，企业能够提高跨部门协作效率，形成强大的工作合力，为科技成果商业可行性验证工作提供有力的组织保障。

3.6.3 市场变化快

当今市场环境瞬息万变，客户需求、竞争态势、技术发展等因素不断变化，这给科技成果商业可行性验证工作带来了巨大的挑战。

首先，需要评估敏捷验证方法是否可行。敏捷验证方法强调快速迭代和持续改进，通过每季度更新客户需求画像，企业能够及时了解客户需求的变化，调整产品功能和特性，使科技成果更好地满足客户需求。

其次，企业还应密切关注竞争态势的变化，及时了解竞争对手的动态，分析竞争对手的优势和劣势，找出自身的差异化竞争优势，调整验证策略，提高科技成果的市场竞争力。

最后，在技术发展方面，企业应保持敏锐的洞察力，关注行业内的技术创新和发展趋势，及时将新技术融入科技成果中，提升科技成果的技术含量和市场竞争力。

3.6.4 行业应对方案

（1）生物医药

生物医药行业具有研发周期长、风险高、监管严格等特点，科技成果的商业可行性验证面临着诸多挑战。为了确保科技成果的安全性和有效性，生物医药行业建立了“靶点验证—动物实验—临床前研究”三级验证链，这一验证链严格遵循 FDA（美国食品药品监督管理局）指南，为科技成果的商业化提供了坚实的保障。

在靶点验证阶段，科研人员通过深入研究疾病的发病机制，寻找与疾病相关的潜在靶点，并对这些靶点进行验证和筛选。只有经过严格验证的靶点，才有可能成为新药研发的基础。动物实验阶段则是在动物模型上对药物的疗效和安全性进行初步评估。通过动物实验，科研人员可以了解药物的作用机制、药效学特性以及毒理学特征，为后续的临床前研究提供重要依据。临床前研究是新药研发的关键阶段，包括药物的制备工艺、质量控制、稳定性研究以及安全性评价等方面。在这一阶段，科研人员需要按照FDA指南的要求，进行一系列严格的实验和测试，确保药物的质量和安全性符合临床应用的标准。

（2）人工智能

人工智能行业具有数据驱动、算法复杂、应用场景多样等特点，科技成果的商业可行性验证需要充分考虑数据隐私保护和算法有效性验证等问题。为了应对这些挑战，人工智能行业采用联邦学习技术保护数据隐私，通过A/B测试验证算法有效性。

联邦学习技术是一种分布式机器学习技术，它能够在不交换原始数据的情况下，实现多个参与方之间的数据联合建模。在联邦学习框架下，各参与方仅上传模型参数，而不是原始数据，从而有效地保护数据隐私。在医疗领域，不同医院之间可以通过联邦学习技术，联合训练疾病诊断模型，在保护患者隐私的同时，提高诊断模型的准确性和泛化能力。

A/B测试是一种常用的算法有效性验证方法，它通过将用户随机分为两组，分别使用不同的算法版本，然后比较两组用户的行为数据和反馈，来评估算法的有效性。在搜索引擎优化中，通过A/B测试，可以比较不同搜索算法对用户搜索结果满意度的影响，从而选择最优的算法版本，提高搜索引擎的性能和用户体验。

（3）新能源

新能源行业涉及多个环节和领域，从材料研发到电芯制造，再到系统集成，每个环节都对科技成果的商业可行性验证有着重要影响。为了确保科技成果的可靠性和经济性，新能源行业构建了“材料—电芯—系统”验证闭环，同步开展安全性与经济性验证。

在材料验证环节，科研人员对新能源材料的性能、稳定性、成本等方面进行深入研究和验证，确保材料能够满足电芯制造和系统应用的要求；在电芯验证环节，对电芯的能量密度、充放电效率、循环寿命等关键指标进行测试和优化，提高电芯的性能和质量；系统验证环节则是将电芯集成到系统中，对整个系统的性能、安全性、可靠性等进行全面测试和验证，确保系统能够稳定运行，满足实际应用的需求。在验证过程中，同步开展安全性与经济性验证，确保新能源产品在保障安全的前提下，具有良好的经济效益。

第四节　科技成果技术可行性验证

从技术突破到产业革命的跨越，不仅是技术的升级，更是产业生态的重构和创新。在这个过程中，产业验证体系将发挥至关重要的作用。技术可行性评估的过程，本质上是将实验室中抽象的技术数据转化为产业实际应用的模拟过程。而企业家们更了解区域产业的独特特征和发展需求，从而精准判断技术与产业的适配性，为技术的产业化提供科学的决策依据。

4.1 区域产业特征对技术适配性的影响

4.1.1 产业集群的技术验证土壤

浙江数字经济产业带是产业集群助力技术验证的典型。杭州作为云计算之都，拥有阿里云等行业巨头，构建了完备的云计算技术生态。每日互动作为一家基于大数据和人工智能的企业，依托杭州的数字经济产业生态，在政务数据领域验证其AI算法的可行性。杭州丰富的数据资源、先进的计算设施以及活跃的技术交流氛围，为每日互动提供了充足的数据样本和高效的计算能力，使其能够不断优化算法，实现从数据采集、分析到模型训练的全流程技术验证，进而在商业领域快速落地应用，形成了“算法验证—场景落地—商业闭环”的高效技术迭代模式。

而乌镇凭借世界互联网大会的品牌效应，吸引了全球顶尖的互联网企业和创新项目汇聚，促进了新技术、新理念的交流与碰撞。每年大会期间展示的大量前沿技术和创新应用，如人工智能、区块链、物联网等，在乌镇及其周边区域迅速落地试点，通过实际场景验证技术的稳定性、可靠性和市场潜力，加速了技术从概念到产品的转化过程。

广东电子信息产业链同样具有强大的技术验证能力。以深圳—东莞—惠州产业集群为核心，该区域形成了从芯片设计、晶圆制造、封装测试到终端产品制造的完整电子信息产业链条。大疆无人机在技术研发过程中，充分利用珠三角地区的精密制造网络，进行了超过1200次的飞行测试。从无人机的核心芯片、飞控系统，到外壳结构件、摄像头等零部件，都能在珠三角找到优质的供应商和先进的制造工艺，确保了产品在各种复杂环境下的性能稳定性和可靠性。同时，产业集群内企业间的紧密合作与信息共享，使得大疆能够快速获取行业最新技术动态和市场反馈，及时调整研发方向，优化产品性能，实现技术与市场的精准对接。

4.1.2 传统产业转型中的技术嫁接

山东重工产业升级过程中，潍柴动力积极联合山东大学开发氢燃料电池技术，推动重型卡车的绿色化转型。在技术研发阶段，潍柴动力利用自身在重卡制造领域的丰富经验和市场资源，将实验室研发的氢燃料电池技术与重卡实际运行工况相结合。通过在重卡上搭载氢燃料电池进行实际道路测试，收集大量的运行数据，包括电池的输出功率、续航里程、加氢时间、寿命衰减曲线等，以此验证氢燃料电池在重卡应用中的技术可行性和稳定性。同时，根据实际测试结果，对电池技术指标进行动态修正和优化，不断提升电池性能，降低成本，推动氢燃料电池重卡在物流运输等领域的商业化应用。

东北装备制造产业的转型中，沈阳机床通过搭建工业互联网平台，实现了传统机床制造与新一代信息技术的深度融合。沈阳机床在其分布于全国各地的 3000 台机床上安装传感器和智能终端设备，实时收集机床的运行数据，包括加工精度、主轴转速、刀具磨损、设备故障等信息。利用这些海量数据，验证智能控制系统的可靠性和有效性，同时通过数据分析和机器学习算法，实现对机床运行状态的实时监测、故障预测和智能诊断。例如，通过对历史数据的分析，建立故障预测模型，预测机床可能出现的故障，及时进行维护保养，将故障预测准确率提升至 92%，大大提高了设备的运行效率和可靠性，降低了维护成本，为东北装备制造业的智能化转型提供了成功范例。

4.2 产业导向下的技术筛选机制

4.2.1 区域政策工具箱解析

长三角 G60 科创走廊通过构建“研发—中试—量产”跨区域验证通道，为科技成果产业化提供了全流程的政策支持。上海张江实验室作为科技创新的前沿阵地，专注于基因测序技术的研发，攻克了一系列关键技术难题，如提高测序精度、缩短测序时间等。而苏州生物医药产业园凭借其完善的产业配套和专业的技术服务，成为基因测序技术从研发到生产的重要转化平台。在这里，企业可以按照 GMP 标准进行生产验证，确保产品质量符合严格的行业规范和市场需求。这种跨区域的协同合作模式，充分发挥了长三角地区各城市的产业优势，实现了资源的优化配置，加速了基因测序技术的产业化进程，为生物医药产业的发展注入了强大动力。

粤港澳大湾区实施的“揭榜挂帅”机制则以市场需求为导向，激发了企业和高校的创新活力。深圳科创委发布的“智能传感器”技术需求，聚焦于解决智能传感器在精度、稳定性、功耗等方面的关键技术问题，以满足智能终端、物联网等领域对高性能传感器的迫切需求。华为、大疆等企业凭借其强大的研发实力和丰富的市场经验，联合高校组建了多学科交叉的创新团队，开展技术攻关。在这个过程中，设置的 1000 万元验证奖励基金发挥了重要的激励作用，促使创新团队全力以赴，攻克技术难题。

4.2.2 产业基金的验证导向

北京中关村前沿科技基金对申报项目设置了严格的验证标准，要求项目必须通过“技术成熟度 TRL5 + 客户订单意向书”双验证。这一标准确保了基金投资的项目在技术上具备较高的成熟度，已经完成了原理验证和实验室测试，能够在模拟的实际环境中稳定运行；同时，客户订单意向书则证明了项目具有明确的市场需求和商业前景，能够实现技术的商业化落地。以量子计算领域为例，该领域的项目在申请基金时，需要展示其量子计算原型机在特定算法下的运算速度和精度，达到 TRL5 标准，同时还需提供与金融、科研等潜在客户的订单意向书，表明其技术在实际应用中的可行性和市场价值。通过这种双验证机制，中关村前沿科技基金能够精准筛选出具有发展潜力的前沿科技项目，为量子计算、脑机接口等前沿领域的发展提供了有力的资金支持，加速了这些领域的技术突破和产业应用。

成都新经济天使基金则采用了更为灵活的验证方式，为入选项目提供 200 万元验证资金，要求企业在 6 个月内完成原型机开发和市场测试。这种方式给予了初创企业一定的资金支持和时间窗口，使其能够快速将创意转化为产品，并通过市场测试验证产品的可行性和市场需求。如果企业未能在规定时间内完成原型机开发和市场测试，将触发资金回收条款，这将促使企业高效运作，确保项目按计划推进。通过这种方式，成都新经济天使基金有效地筛选出具有市场潜力的新经济项目，为成都新经济的发展培育了一批优质的创新企业。

4.3 产业生态的验证效能

4.3.1 产业链协同验证模式

合肥“芯屏汽合”产业生态是产业链协同验证的典范。京东方在柔性屏技术研发上取得突破后，通过长鑫存储的芯片封装测试技术，验证了柔性屏与芯片在性能匹配、信号传输稳定性等方面的兼容性。随后，该技术应用于蔚来汽车的车载显示系统，在实际的汽车行驶环境中，包括高温、低温、振动、电磁干扰等复杂工况，对显示系统的可靠性、耐久性、显示效果等进行全面验证，形成了“材料—器件—整机”的完整验证闭环。这种产业链协同验证模式，不仅加速了技术的迭代升级，还促进了产业间的深度融合。例如，在验证过程中，各方企业共同研发出一种新型的散热材料，解决了柔性屏在车载环境下的散热难题，提升了显示系统的稳定性和寿命，推动了整个新能源汽车和智能网联汽车产业的发展。

武汉光电子信息走廊同样通过产业链协同验证，实现了技术的快速迭代。烽火科技研发的光通信模块,在长江存储的存储芯片测试中同步验证兼容性。传统的光通信模块与存储芯片的验证往往是独立进行的，导致系统级验证周期长、成本高。而在武汉光电子信息走廊，通过产业链上下游企业的紧密合作，实现了光通信模块与存储芯片在数据传输速率、信号抗干扰能力等方面的同步验证。这一创新模式将系统级验证周期缩短了 40%，大大提高了研发效率，降低了成本。同时，通过同步验证，发现并解决了多个技术难题，如不同品牌光通信模块与存储芯片之间的兼容性问题，推动了光电子信息产业的技术进步和产品升级，提升了产业的整体竞争力。

4.3.2 跨区域验证网络构建

京津冀“研发在北京、验证在河北”模式充分发挥了区域协同优势。北航研发的卫星遥感技术，在北京完成了核心算法研发和实验室模拟测试后，在河北怀来航天产业基地进行实际的载荷测试。怀来航天产业基地拥有先进的测试设备和专业的测试团队，能够模拟卫星在太空中的各种运行环境，对卫星遥感技术的性能进行全面验证。同时，通过张家口风电场景验证卫星遥感技术在极端环境下的抗干扰能力。张家口地区的风电设施密集，电磁环境复杂，是验证卫星遥感技术抗干扰能力的理想场所。通过在张家口的验证，对卫星遥感技术的算法进行优化，提高了其在复杂电磁环境下的稳定性和准确性，确保了卫星遥感技术在实际应用中的可靠性，为京津冀地区的航天产业发展提供了有力支撑。

成渝双城验证联盟则在智能网联汽车领域构建了高效的跨区域验证网络。重庆的智能网联汽车在成都龙泉驿区完成5000千米路测，两地交通数据互通形成验证数据集，为L4级自动驾驶算法优化提供了丰富的数据支持。在路测过程中，收集了包括不同路况（如城市道路、高速公路、山区道路等）、不同天气条件（如晴天、雨天、雾天等）下的交通数据，通过对这些数据的分析和挖掘，发现了自动驾驶算法在复杂场景下的局限性。例如，在山区道路的弯道行驶和雨天路面湿滑的情况下，自动驾驶算法的决策准确性和响应速度有待提高。基于这些发现，研发团队对算法进行针对性优化，将L4级自动驾驶算法的准确率提升了15%，有效推动了智能网联汽车技术的发展，促进了成渝地区智能网联汽车产业的协同创新和发展壮大。

4.4 技术可行性评估的产业维度

4.4.1 三维评估模型构建

在技术维度,建立“核心专利数量 + 技术参数超越竞品率 + 标准化程度”评估体系，能够全面衡量技术的创新性、先进性和工艺通用性。

在产业维度，开发“产业链协同度 + 产业政策契合度 + 区域配套成熟度”评估矩阵,有助于企业从产业装备与工艺的角度审视技术的可行性。比亚迪在刀片电池的研发和产业化过程中,充分利用其完善的弗迪系供应链，实现了产业链的高度协同。从电池原材料的采购，到电池模组的生产，再到整车的装配，比亚迪通过内部供应链的整合，实现了对成本和质量的有效控制。刀片电池的研发和应用高度契合国家新能源汽车产业政策，符合国家对新能源汽车安全性、能量密度、续航里程等方面的要求，获得了政府的大力支持和补贴。

在商业维度，设计“客户验证矩阵 + 成本收益模型 + 退出路径规划”验证工具,能够帮助企业从商业运营的角度评估技术的可行性。商汤科技作为全球领先的人工智能平台公司，通过积极拓展智慧城市业务，获得了大量的智慧城市订单，如城市安防、交通管理、政务服务等领域的项目。这些订单不仅为商汤科技带来了可观的收入，更重要的是验证了其 AI 技术在实际应用中的可行性和商业价值。在成本收益模型方面,商汤科技通过精细化的成本控制和高效的运营管理,不断优化成本结构，提高运营效率。例如，在研发成本控制方面，商汤科技采用了自主研发的 AI 芯片和算法框架，降低了对外部硬件和软件的依赖，从而降低了研发成本；在市场推广成本控制方面，商汤科技通过与合作伙伴的深度合作，实现了资源共享和优势互补，提高了市场推广的效果和效率。同时，商汤科技还制定了完善的退出路径规划，包括上市、并购、技术授权等多种方式，为投资者提供了多元化的退出渠道，降低了投资风险。

4.4.2 动态验证决策树

在阶段决策点方面，设置 TRL4（原理验证）、TRL6（中试验证）、TRL8（量产验证）三级决策节点，能够有效控制技术研发和产业化过程中的风险。以太阳能光伏技术为例，在 TRL4 阶段，研究人员通过实验室实验，验证了新型光伏材料的光电转换效率原理，证明了其在理论上的可行性；在 TRL6 阶段，企业将实验室研发的光伏技术进行中试放大，在模拟的实际生产环境中，对光伏电池的生产工艺、性能稳定性、成本控制等方面进行全面验证。通过中试验证，企业可以及时发现技术在放大过程中存在的问题，如生产工艺的可重复性、设备的稳定性、产品的一致性等，并进行有针对性的优化和改进；在 TRL8 阶段，企业进行大规模的量产验证，将光伏产品推向市场，通过实际的市场销售和应用，验证产品的市场需求、性能可靠性、售后服务等方面的情况。

每个节点设置技术指标、成本阈值、市场反馈三维评估标准，确保决策的科学性和准确性。例如，在 TRL6 阶段，技术指标要求光伏电池的光电转换效率达到 22% 以上，成本阈值控制在每瓦 0.8 元以下，市场反馈要求客户对产品的满意度达到 85% 以上。只有当技术指标、成本阈值和市场反馈同时满足要求时，企业才会决定进入下一阶段的研发和生产。

在风险对冲机制方面，预留 15% 验证资金用于技术替代方案开发，能够有效降低技术研发和产业化过程中的风险。特斯拉在电动汽车电池技术研发过程中，同时验证 4680 电池和固态电池技术路径。4680 电池具有更高的能量密度和更低的成本，能够提高电动汽车的续航里程和降低生产成本；固态电池则具有更高的安全性和更快的充电速度，是未来电动汽车电池技术的发展方向。特斯拉通过同时投入资源进行两种技术路径的研发和验证，降低了技术研发的风险。如果 4680 电池技术在研发过程中遇到无法解决的技术难题，特斯拉可以及时转向固态电池技术的研发；反之，如果固态电池技术的研发进度缓慢，特斯拉可以先将4680电池技术应用于量产车型，确保产品的市场竞争力。这种风险对冲机制，使得特斯拉在电动汽车电池技术领域始终保持领先地位，为其电动汽车的市场推广和销售提供了有力保障。

4.5 产业视角下的验证实践

4.5.1 "科学家 + 企业家"模式

贝达药业由丁列明博士于2003年创立，专注于创新药物研发，其成功研发埃克替尼的历程充分展示了这一模式在推动科技成果产业化中的强大力量。

在埃克替尼的研发过程中，丁列明团队建立了一套高效的"靶点验证—动物实验—临床Ⅰ期"三级验证链。在靶点验证阶段，精准锁定了EGFR（表皮生长因子受体）这一关键靶点；在动物实验阶段，通过在小鼠、大鼠等动物模型上进行实验，验证了埃克替尼对肿瘤生长的抑制作用，初步证明了药物的有效性和安全性；进入临床Ⅰ期试验，在人体上进一步验证药物的安全性和耐受性。埃克替尼的研发周期被成功缩短至6年，相比同类药物的平均研发周期，整整快了30%，这堪称奇迹。

贝达药业成功的背后，是其独特的"科学家+企业家"双轨制运作模式。在研发端，科学家来自世界各地，确保药物的技术可行性和创新性；在产业端，企业家实现从实验室数据到符合GMP（药品生产质量管理规范）标准的转化；同时，企业家团队与医疗机构、医药经销商等建立广泛的合作关系，推动埃克替尼的商业化应用。

4.5.2 广东产业链验证优势

大疆农业无人机的发展历程是广东产业链验证优势的生动体现。大疆在技术研发过程中与珠三角地区的100多家供应商紧密合作，经过超2000架次的农田作业验证，发现了无人机在复杂农田环境下面临的农药腐蚀、机身结构稳定性、飞行安全性等问题，并针对性研发出抗农药腐蚀的碳纤维机身设计。这种材料不仅具有出色的耐腐蚀性，能够有效抵御农药的侵蚀，延长无人机的使用寿命，而且重量轻、强度高，有助于提高无人机的飞行性能和作业效率。同时，通过优化无人机的飞控系统、动力系统和传感器系统，提升了无人机的飞行稳定性和作业精度，使其能够在复杂的农田环境中准确地完成播种、施肥、喷洒农药等任务。东莞汇聚了大量的模具制造企业，助力大疆将原型机开发周期从传统的18个月大幅压缩至9个月，验证成本降低了60%。

4.6 产业验证的范式变革

4.6.1 数字化验证平台

构建“产业大脑+数字孪生”验证系统，是未来科技成果技术可行性验证的重要趋势。以苏州工业园开发的工业互联网平台为例，该平台充分利用数字孪生技术，构建了3C产品从设计到量产的全流程虚拟模型。

在产品设计阶段，工程师可以通过该平台对产品的外观、结构、功能等进行虚拟设计和仿真分析，提前发现设计中存在的问题，如零部件的兼容性、产品的散热性能、电磁干扰等，从而进行优化和改进，避免在实际生产过程中出现问题，降低研发和时间成本。

在生产过程中，数字孪生模型可以实时反映生产设备的运行状态、生产工艺的参数变化、产品质量的波动等信息，通过对这些信息的分析和挖掘，实现对生产过程的实时监控和优化，提高生产效率和产品质量。

同时，“产业大脑”还可以整合产业链上下游的资源和数据，实现供应链的协同管理和优化，提高产业链的整体竞争力。应用区块链存证技术，能够为技术验证过程提供不可篡改的记录，这对于提升融资尽调效率具有重要意义，同时也优化了技术验证的数据基础。通过区块链进行加密存储和共享，确保数据的真实性、完整性和不可篡改，增强投资方对企业的信任，降低投资风险，促进科技成果的产业化和商业化。

4.6.2 产业生态验证联盟

组建跨区域、跨行业的验证共同体，是整合各方资源，提升科技成果技术可行性验证能力的有效途径。长三角 G60 科创走廊成立的“新能源汽车验证联盟”汇聚了长三角地区的整车制造企业、电池供应商、零部件制造商、科研机构、检测机构等 12 家单位，它们共享检测机构资源，实现了从新能源汽车整车到零部件的全方位验证。

在联盟内，各成员单位可以根据自身的需求和优势，参与到不同环节的验证工作中。例如，整车制造企业可以提供整车测试场地和实际运行数据，电池供应商可以提供电池性能测试数据和技术支持，科研机构可以提供前沿的技术研究成果和专业的技术咨询，检测机构则可以利用其先进的检测设备和专业的检测技术。通过这种跨区域、跨行业的协同合作，新能源汽车验证联盟能够快速、高效地验证新能源汽车技术的可行性和可靠性，推动新能源汽车产业的创新发展。这种市场化的验证能力共享模式，不仅促进了企业间的合作与交流，还为科技成果的快速验证和产业化提供了有力支持，推动了整个产业生态的协同发展。

第十章　打开科技生财的密码

对于成果转化人员而言，探寻科技生财的密码，既是职业使命，更是实现个人价值与推动社会进步的关键路径。本章将从成果转化角度出发，深入剖析科技生财背后的逻辑与策略，助力成果转化人员把握机遇，解锁科技成果的商业价值。

第一节　起点上精准评估

1.1 精准评估，明晰成果特性与潜力

科技成果种类繁多，从基础研究的理论突破到应用研究的技术创新，再到产品开发的工艺改进，不同类型成果具有不同的转化路径与商业潜力。成果转化人员首先需要对科技成果的技术成熟度、创新性、可复制性等特性进行深入分析和评估，衡量所需资源与合适的转化路径和模式。例如，实验室阶段的原型技术可能在理论上具有创新性，但与实际应用还有较大差距，需要进一步的中试与优化；而已经通过小试或中试的技术成果，更接近商业化阶段，可快速推向市场。同时，关注成果在行业内的独特性与竞争力，评估其是否能够解决现有市场的痛点或创造新的需求，以此判断其潜在的商业价值。

以基因编辑技术为例，CRISPR/Cas9 基因编辑技术在实验室取得突破后，成果转化人员需要评估其在医疗领域的应用潜力，包括疾病

治疗、药物研发等方向的可行性与市场前景。技术的精准性、安全性、使用成本以及可操作性等特性，直接影响着其后续的转化策略与商业价值实现。

1.2 科技与产业融合，洞察市场需求与趋势

市场需求是科技成果产业化的“风向标”。成果转化人员要深入调研目标市场，了解行业发展趋势、消费者需求变化以及竞争对手的情况。通过市场调研，不仅可以明确科技成果的潜在应用场景，还能发现市场尚未满足的需求，为成果转化提供方向。例如，随着全球对环境保护的重视程度不断提高，清洁能源、环保技术等领域的市场需求持续增长。成果转化人员若能及时洞察这一趋势，将相关科技成果与市场需求精准对接，便能提高成果转化的成功率与商业价值。

同时，利用大数据分析、市场预测模型等工具，对市场需求进行量化分析，预测未来市场规模与增长趋势。例如，在智能穿戴设备市场，通过分析消费者对健康监测、运动追踪等功能的需求增长数据，成果转化人员可以更准确地判断相关科技成果的市场潜力，从而制定更有效的转化策略。

第二节 塑造科技成果的商业价值

2.1 商业模式创新设计

商业模式是科技成果实现商业价值的关键布局。成果转化人员需要根据科技成果的特点,设计独特且可行的商业模式。常见的商业模式包括产品销售模式、服务提供模式、技术授权模式、平台运营模式等。以共享单车为例，其采用的是分时租赁的服务提供模式，通过物联网技术与移动支付的结合，将闲置的自行车资源与用户的短途出行需求

有效连接，创造了新的商业价值。

设计商业模式一定要明确价值主张，即科技成果能为客户带来的使用或者情绪价值：确定目标客户群体，针对其需求提供定制化的产品或服务；规划收入来源，探索多元化的盈利途径；优化成本结构，提高运营效率。例如，一些软件科技成果采用订阅制的商业模式，通过持续提供软件更新与技术支持，获得稳定的收入流，同时降低一次性销售带来的市场风险。

2.2 知识产权布局与保护

知识产权是科技成果的核心资产，也是成果转化的重要保障。成果转化人员要重视知识产权的布局与保护工作。在成果研发阶段，就应制定知识产权战略，及时申请专利、商标、著作权等，构建完善的知识产权保护体系。例如，华为公司在5G通信技术研发过程中，大量申请专利，形成了强大的专利壁垒，不仅保护了自身的创新成果，还通过专利授权获得了可观的经济收益。

此外，合理运用知识产权进行商业运作，如通过技术转让、专利许可等方式实现知识产权的价值变现。同时，关注国际知识产权规则，在全球市场布局知识产权，避免在成果转化过程中遭遇知识产权纠纷，保障科技成果的顺利转化与商业价值的实现。

第三节　整合资源，汇聚动力源泉

3.1 产业链上下游合作协同

产业链上下游合作是推动科技成果产业化的重要模式。高校和科研机构拥有丰富的科研资源与创新人才，企业则具备市场敏锐度与商业运营能力，通过产业链上下游合作，可实现优势互补。成果转化人员要积极搭建产业链上下游合作平台，促进高校、科研机构与企业之间的沟通与合作。例如，高校的科研团队与企业联合开展研发项目，企业为项目提供资金与实践场景，高校提供技术支持与人才培养，双方共同推动科技成果的转化与应用。

在产业链上下游合作过程中，明确各方的权利与义务，建立合理的利益分配机制，确保合作的可持续性。例如，通过签订合作协议，约定科技成果的所有权、使用权以及收益分配比例，避免因利益纠纷影响合作效果。同时，加强产业链上下游之间的信息共享与交流，促进知识流动与技术转移，提高成果转化效率。

3.2 资金资源的筹集与管理

科技成果产业化需要大量的资金支持，从研发投入、中试生产到市场推广，每一个环节都离不开资金的保障。在资金管理方面，合理规划资金使用，确保将资金投入最关键的环节，成果转化人员必须根据项目的进展情况，及时调整资金预算，确保资金链的稳定，避免因资金短缺导致成果转化失败。

筹集资金的渠道可以选择包括政府扶持资金、风险投资、银行贷款、企业自筹等。例如，政府设立的科技成果产业化专项资金，为符合条件的项目提供资金支持；风险投资机构则更倾向于投资具有高成长潜力的科技成果产业化项目。

3.3 汇聚和培养人才

人才是科技成果产业化的核心要素。成果转化人员需要汇聚技术研发、市场营销、企业管理等多领域的专业人才，组建多元化的团队，营造良好的团队文化氛围，促进团队成员之间的协作与交流，提高团队的凝聚力与战斗力。例如，在一个智能硬件科技成果产业化项目中，既需要电子工程师、软件工程师进行产品研发，也需要市场营销人员进行市场推广，还需要企业管理人员进行运营管理。

第四节 选择路径，确定实施策略

4.1 技术孵化与培育

对处于早期阶段的科技成果,技术孵化是实现转化的重要途径。成果转化人员可以依托科技企业孵化器、众创空间等平台，为科技成果提供场地、设备、技术咨询等孵化服务。在孵化过程中，帮助科研团队完善技术方案，进行产品原型开发，开展市场调研与商业模式设计。例如，一些高校的科技企业孵化器，通过整合校内科研资源与校外企业资源，为大学生创业项目提供全方位的孵化支持，助力科技成果从创意走向市场。

4.2 企业并购与合作

企业并购是科技成果快速实现商业化的有效方式。对于一些具有市场潜力但缺乏独立运营能力的科技成果，成果转化人员可以寻求与大型企业的合作，通过企业并购的方式实现成果转化。例如，一些小型科技创业公司研发出具有创新性的软件技术，但由于资金、市场等方面的限制，难以实现大规模推广。此时，大型软件企业通过并购该创业公司，将其技术整合到自身的产品体系中，实现技术的快速商业化应用。

4.3 政府支持与政策利用

政府在科技成果产业化过程中发挥着重要的引导与支持作用。成果转化人员要密切关注政府出台的相关政策，展示科技成果的优势与潜力，吸引更多的资源与合作机会；努力争取并充分利用如税收优惠政策、财政补贴政策、产业扶持政策等资源。例如，对于符合条件的科技成果产业化项目，企业可以申请研发费用加计扣除、高新技术企业税收优惠等政策，降低企业的运营成本，提高项目的盈利能力。

第五节 防控风险，做好保障

5.1 技术风险的评估与应对

科技成果产业化过程中面临着诸多技术风险，如技术不成熟、研发失败、技术更新换代快等。成果转化人员要建立完善的技术风险评估体系，在项目启动前，对科技成果的技术可行性、可靠性、先进性等进行全面评估。例如，通过技术测试、专家论证等方式，判断科技成果是否具备商业化应用的条件。针对可能出现的技术风险，制定相应的应对策略。如预留技术研发资金，用于解决技术难题；加强与科研机构的合作，借助外部技术力量攻克技术难关；关注行业技术发展趋势，及时调整技术研发方向，避免因技术落后导致成果转化失败。

5.2 市场风险的预测与管理

市场风险是影响科技成果产业化的重要因素，包括市场需求变化、市场竞争加剧、价格波动等。成果转化人员要加强市场调研与分析，建立市场风险预警机制，及时发现市场变化趋势，预测市场风险。例如，通过分析市场数据、竞争对手动态等信息，预判市场需求的变化，调整产品或服务策略。

5.3 法律风险的防范与控制

科技成果产业化涉及众多法律问题，如知识产权纠纷、合同纠纷、劳动纠纷等。成果转化人员要增强法律意识，建立健全法律风险防范机制，定期进行排查，及时采取有效措施。在项目实施过程中，严格遵守相关法律法规，规范合同签订、知识产权管理等行为。例如，在技术转让合同中，明确双方的权利与义务，避免因合同条款不清晰引发纠纷。

第六节　持续创新，持续超越

科技发展日新月异，市场需求不断变化，持续创新是科技成果保持竞争力、实现持续生财的关键。成果转化要塑造良好的创新生态，形成包括产业、市场、人才、资本、研发与测试等在内的保障体系，持续激发创新热情与创造力。例如，设立创新奖励基金，对提出创新性想法或解决方案的员工给予奖励。

科技生财的密码蕴含在成果转化的每一个环节之中。从精准定位科技成果与市场需求，到塑造成果的商业价值；从整合各类资源，到选择合适的转化路径；从风险防控保障转化顺利进行，到持续创新保持竞争力，每一步都需要成果转化人员精心谋划、扎实推进。只有深入理解科技成果产业化的内在逻辑，掌握其中的关键策略与方法，才能解锁科技生财的密码，实现科技成果的商业价值最大化，为企业发展、经济增长与社会进步注入强大动力。